ENZYKLOPÄDIE
DEUTSCHER
GESCHICHTE
BAND 50

ENZYKLOPÄDIE
DEUTSCHER
GESCHICHTE
BAND 50

HERAUSGEGEBEN VON
LOTHAR GALL

IN VERBINDUNG MIT
PETER BLICKLE
ELISABETH FEHRENBACH
JOHANNES FRIED
KLAUS HILDEBRAND
KARL HEINRICH KAUFHOLD
HORST MÖLLER
OTTO GERHARD OEXLE
KLAUS TENFELDE

GESCHICHTE DER FAMILIE IM 19. UND 20. JAHRHUNDERT

VON
ANDREAS GESTRICH

R. OLDENBOURG VERLAG
MÜNCHEN 1999

Die Deutsche Bibliothek – CIP-Einheitsaufnahme

Enzyklopädie deutscher Geschichte / hrsg. von Lothar Gall in
Verbindung mit Peter Blickle ... – München : Oldenbourg

Bd. 50. Gestrich, Andreas: Geschichte der Familie im 19. und 20.
Jahrhundert. – 1999

Gestrich, Andreas:
Geschichte der Familie im 19. und 20. Jahrhundert / von Andreas
Gestrich. – München : Oldenbourg, 1999
(Enzyklopädie deutscher Geschichte ; Bd. 50)
ISBN 3-486-55755-6 (kart.)
ISBN 3-486-55756-4 (geb.)

© 1999 R. Oldenbourg Verlag, München
Rosenheimer Straße 145, D-81671 München
Telefon (089) 45051-0, Internet: http://www.oldenbourg.de

Umschlaggestaltung: Dieter Vollendorf, München
Gedruckt auf säure- und chlorfreiem, alterungsbeständigem Papier.
Gesamtherstellung: R. Oldenbourg Graphische Betriebe GmbH, München

ISBN 3-486-55755-6 (brosch.)
ISBN 3-486-55756-4 (geb.)

Vorwort

Die „Enzyklopädie deutscher Geschichte" soll für die Benutzer – Fachhistoriker, Studenten, Geschichtslehrer, Vertreter benachbarter Disziplinen und interessierte Laien – ein Arbeitsinstrument sein, mit dessen Hilfe sie sich rasch und zuverlässig über den gegenwärtigen Stand unserer Kenntnisse und der Forschung in den verschiedenen Bereichen der deutschen Geschichte informieren können.
Geschichte wird dabei in einem umfassenden Sinne verstanden: Der Geschichte in der Gesellschaft, der Wirtschaft, des Staates in seinen inneren und äußeren Verhältnissen wird ebenso ein großes Gewicht beigemessen wie der Geschichte der Religion und der Kirche, der Kultur, der Lebenswelten und der Mentalitäten.
Dieses umfassende Verständnis von Geschichte muß immer wieder Prozesse und Tendenzen einbeziehen, die säkularer Natur sind, nationale und einzelstaatliche Grenzen übergreifen. Ihm entspricht eine eher pragmatische Bestimmung des Begriffs „deutsche Geschichte". Sie orientiert sich sehr bewußt an der jeweiligen zeitgenössischen Auffassung und Definition des Begriffs und sucht ihn von daher zugleich von programmatischen Rückprojektionen zu entlasten, die seine Verwendung in den letzten anderthalb Jahrhunderten immer wieder begleiteten. Was damit an Unschärfen und Problemen, vor allem hinsichtlich des diachronen Vergleichs, verbunden ist, steht in keinem Verhältnis zu den Schwierigkeiten, die sich bei dem Versuch einer zeitübergreifenden Festlegung ergäben, die stets nur mehr oder weniger willkürlicher Art sein könnte. Das heißt freilich nicht, daß der Begriff „deutsche Geschichte" unreflektiert gebraucht werden kann. Eine der Aufgaben der einzelnen Bände ist es vielmehr, den Bereich der Darstellung auch geographisch jeweils genau zu bestimmen.
Das Gesamtwerk wird am Ende rund hundert Bände umfassen. Sie folgen alle einem gleichen Gliederungsschema und sind mit Blick auf die Konzeption der Reihe und die Bedürfnisse des Benutzers in ihrem Umfang jeweils streng begrenzt. Das zwingt vor allem im darstellenden Teil, der den heutigen Stand unserer Kenntnisse auf knappstem Raum zusammenfaßt – ihm schließen sich die Darlegung und Erörterung der Forschungssituation und eine entsprechend gegliederte Auswahlbiblio-

graphie an –, zu starker Konzentration und zur Beschränkung auf die zentralen Vorgänge und Entwicklungen. Besonderes Gewicht ist daneben, unter Betonung des systematischen Zusammenhangs, auf die Abstimmung der einzelnen Bände untereinander, in sachlicher Hinsicht, aber auch im Hinblick auf die übergreifenden Fragestellungen, gelegt worden. Aus dem Gesamtwerk lassen sich so auch immer einzelne, den jeweiligen Benutzer besonders interessierende Serien zusammenstellen. Ungeachtet dessen aber bildet jeder Band eine in sich abgeschlossene Einheit – unter der persönlichen Verantwortung des Autors und in völliger Eigenständigkeit gegenüber den benachbarten und verwandten Bänden, auch was den Zeitpunkt des Erscheinens angeht.

Lothar Gall

Inhalt

Vorwort des Verfassers

Die Geschichte der Familie ist ein Gebiet, dem in den letzten Jahrzehnten alle Richtungen und Schulen der sozialhistorisch orientierten Forschung viel Aufmerksamkeit geschenkt haben: Sozial- und Wirtschaftsgeschichte, Alltagsgeschichte, Historische Anthropologie oder auch Frauen- und Geschlechtergeschichte waren alle gleichermaßen an der Institution der Familie und ihrem Wandel interessiert. Das weist auf das breite Spektrum der mit der Familie verbundenen sozialen Aufgaben und Prozesse hin sowie auf die hohe gesellschaftsgeschichtliche Relevanz von Strukturwandlungen in diesem Bereich.

Die aus ideologischen Gründen im 19. Jahrhundert vielfach überbewertete Bedeutung der Familie für die Stabilität von Gesellschaften, ließ sie schon früh zum Gegenstand sozialwissenschaftlicher Forschung werden. Besonders die Soziologie hat sich seit ihren Anfängen in der zweiten Hälfte des vorigen Jahrhunderts mit den Fragen des Strukturwandels der Familie beschäftigt. Aber auch für die Psychoanalyse, die Volkskunde oder die Ethnologie standen bestimmte Aspekte des Familienlebens immer im Vordergrund des Interesses. Diese Fächer haben nicht nur wichtiges Quellenmaterial hervorgebracht, sondern für ihre Bereiche auch Modelle entwickelt, mit denen Familienhistoriker sich kritisch auseinandersetzen können und müssen. Im zweiten Teil des vorliegenden Bandes wird versucht, diesen intensiven Diskussionen über die Fachgrenzen hinweg Rechnung zu tragen, indem Entwicklungen nachgezeichnet und Perspektiven für weitere interdisziplinäre Forschungen aufgezeigt werden.

Die Vielfalt der darzustellenden Ansätze führte notwendig dazu, daß manche Dinge nur angeschnitten werden konnten oder ganz ausgelassen werden mußten. Neben der Historischen Demographie wurde besonderes Gewicht auf die Historische Sozialisationsforschung und die Geschlechtergeschichte gelegt. Das sind die beiden Bereiche, in denen für die Zukunft die meisten Innovationen für die Historische Familienforschung zu erwarten sind. Das gegenwärtige Interesse der Historiker an Ego-Dokumenten deutet ebenso darauf hin wie die wachsende Selbstverständlichkeit, mit der die Perspektive der Geschlechtergeschichte in die sozialhistorische Forschung eingebaut wird.

Beim Schreiben dieses Bandes habe ich viel von fremder Hilfe profitiert: Danken darf ich zunächst den Herausgebern und dem Verlag. Klaus Tenfelde hat nicht nur geduldig auf das Manuskript gewartet und zur rechten Zeit immer wieder energisch gemahnt, sondern den Text auch seiner sachkundigen und anregenden Kritik unterzogen und viele weiterführende Ratschläge gegeben. Hilfreich waren auch die Hinweise von Lothar Gall und das sorgfältige Lektorat von Gabriele Jaroschka. Ulrich Herrmann hat das Manuskript ebenfalls gelesen. Von seiner umfassenden Vertrautheit nicht nur mit der Pädagogik, sondern auch mit der sozialhistorischen Forschung habe ich wieder einmal viel profitiert. Ingrid Katz ließ nicht nur als Studentin in Stuttgart in Vorlesungen mehrere Kapitel der Familiengeschichte über sich ergehen, sondern prüfte auch als Mitarbeiterin das Buch auf seine Verständlichkeit und gab vor allem zur Frauen- und Geschlechtergeschichte wichtige Hinweise. Rosalinde Runge und Doris Schall sorgten mit großer Geduld und Sorgfalt dafür, daß meine vielen Korrekturen und Überarbeitungsgänge in ein sauberes Manuskript überführt wurden. Dabei und bei der Erstellung der Register haben schließlich auch noch Sabine Bender, Anne Koenen und Tino Lomboy an meiner neuen Wirkungsstätte in Trier mitgeholfen. Ihnen allen sei an dieser Stelle ganz herzlich für diese Hilfe gedankt. Alle dennoch stehen gebliebenen Fehler und Unzulänglichkeiten gehen natürlich ganz zu meinen Lasten.

Wer über die Geschichte „der" Familie schreibt, kommt kaum umhin, in Gedanken immer wieder in die Geschichte der eigenen Familie abzuschweifen. Ich widme dieses Buch mit großer Dankbarkeit meiner Mutter und dem Andenken meines Vaters.

Trier, im März 1998   Andreas Gestrich

I. Enzyklopädischer Überblick

1. Einleitung

Alle Gesellschaften benötigen Institutionen, die ihre biologische und ihre soziale Reproduktion miteinander verknüpfen. Die wichtigste dieser Institutionen ist die Familie. Durch sie werden die grundlegenden biologischen Tatsachen und Prozesse des Lebens wie Geburt und Tod, Aufwachsen und Altern, Arbeiten und Ruhen, Nahrungsaufnahme und -verteilung eingefügt in das System der wirtschaftlichen, politischen, rechtlichen und kulturellen Praktiken einer Gesellschaft. Im Prozeß der familialen Sozialisation werden den nachwachsenden Generationen die Grundmuster der Wahrnehmung, des Denkens und Handelns vermittelt und ihre Einstellungen zur sozialen Ordnung geprägt. Konstanz und Wandel sozialer Systeme vollziehen sich zu einem ganz wesentlichen Teil über die Familie. Die Sozialgeschichte der Familie ist deshalb notwendiger Bestandteil der Gesellschaftsgeschichte. Nicht von ungefähr stellte sie eines der am intensivsten bearbeiteten Felder der historischen Sozialforschung der letzten Jahrzehnte dar.

Familien liegt die biologische Tatsache zugrunde, daß alle Menschen einen Vater und eine Mutter haben und daß bei ihnen zumindest zwischen Mutter und Kind eine über die Geburt hinausreichende Versorgungs- und Gefühlsbeziehung besteht. Wie diese biologischen Gegebenheiten jedoch in soziale Strukturen überführt werden, ist offen und stetigem Wandel unterworfen. Die Stilisierung der Haushaltseinheit von zwei Elternteilen und ihren unselbständigen Kindern, der sogenannten Kernfamilie, zu einer natürlichen Verbindung entpuppt sich im historischen und interkulturellen Vergleich rasch als ethnozentrisches Vorurteil. Diese Form der Familie ist weder eine „naturgegebene Lebensgemeinschaft" noch eine „Schöpfungskonstante" [58: HAEKEL, Familie, 8; 61: KEIL, Familie, 3]. Wer mit wem zusammenlebt und welche Rollen Mann und Frau, Eltern, Kindern und Verwandten jeweils zugeteilt werden, ist kulturell und historisch sehr verschieden.

Die größten Unterschiede zwischen den Familienstrukturen werden durch verschiedene Prinzipien, die Verwandtschaft zu bestimmen,

Familie zwischen Natur und Kultur

Familienformen und Verwandtschafts-strukturen

hervorgebracht. Ob Verwandtschaftsverhältnisse streng in männlicher (agnatisch) oder in weiblicher Linie (kognatisch) oder über beide Stränge konstruiert werden, hat weitreichende Auswirkungen auf die Formen der Haushaltsbildung, die Verteilung der Macht in der Familie, die Definition der Geschlechtsrollen und vieles andere mehr. Die westeuropäischen Familien sind Teil des Systems der doppelten, über Vater und Mutter laufenden Verwandtschaftskonstruktion, gehören also aus ethnologisch-vergleichender Perspektive alle zu einem speziellen Familientyp.

Innerhalb dieses Familientyps hat man es allerdings wiederum mit mehreren Familienformen zu tun, die sich zwar nicht so grundsätzlich wie die von mutter- und vaterrechtlich organisierten Gesellschaften unterscheiden, die aber doch jeweils charakteristische Eigenarten aufweisen. *Die* Familie gibt es selbst innerhalb relativ enger Untersuchungsräume nicht. Für die deutsche Geschichte macht es daher keinen Sinn, von *der* traditionalen vorindustriellen Familie zu sprechen oder den Idealtypus *der* modernen Familie zu konstruieren. Auch der Familienforschung im europäischen oder nationalgeschichtlichen Rahmen muß es darum gehen, die Vielfalt der Familienformen im Kontext ihrer jeweiligen sozialen, ökonomischen und kulturellen Bedingungen zu rekonstruieren. Dies ist die Aufgabe des vorliegenden Bandes.

allgemeine Wandlungstendenzen

Die Betonung der Vielfalt bedeutet allerdings nicht, daß nicht bestimmte Strukturmerkmale der Haushaltsbildung und des familialen Zusammenlebens schichtübergreifend für bestimmte Zeiten dominant sein können. Diese allgemeinen Strukturen gilt es besonders herauszuarbeiten. Auch läßt sich historisch eine gewisse Tendenz der Vereinheitlichung der Lebensformen und -bedingungen und damit auch der Familienstrukturen während der letzten hundert Jahre feststellen. Die

Angleichung der Familienformen

tendenzielle Annäherung der materiellen Lebensgrundlagen breiter Teile der Bevölkerung in den modernen Industriegesellschaften, der Abbau ständischer und regionaler Unterschiede, die allgemeine Ausdehnung von öffentlichen Aktivitäten im Sozialisationsbereich und die Normierung weiter Erfahrungsbereiche durch die Medien haben zumindest die demographische Struktur und die ökonomische Bedeutung der Familien verschiedener Gesellschaftsschichten einander stark angeglichen.

Dieser Prozeß der Angleichung war allerdings kein einheitlicher und zielgerichteter Vorgang, der sich aus einem einzigen Faktor wie der Industrialisierung, der Urbanisierung, der Auflösung feudaler Strukturen oder dem Aufstieg des Sozialstaats erklären ließe. Die Entfaltung der kapitalistischen Produktionsweise hatte für die familiale Lebens-

führung der Arbeiter andere Folgen als für die der Bauern. Die Bauern-
befreiung veränderte – jeweils unterschiedlich – die Bauern- und die
Adelsfamilien. Man hat es bei der Entwicklung der Familienstrukturen
daher deutlich mit einem „Nebeneinander verschiedener Prozeßver-
läufe" zu tun [68: MITTERAUER, Entwicklungstrends, 180].

In mehreren Bereichen verstärkte sich dieses Nebeneinander jedoch gegenseitig deutlich zu gemeinsamen Wandlungstendenzen. Dazu
gehört zum Beispiel die Tatsache, daß die Familie im 19. und 20. Jahrhundert rein quantitativ eine zunehmende Bedeutung bekam. Durch die
ökonomische und soziale Aufwertung von Lohnarbeit und den Aufstieg des modernen Wohlfahrtsstaates erhielten nun praktisch erstmals
in der Geschichte alle erwachsenen Personen die faktische und rechtliche Möglichkeit zur Eheschließung und Familiengründung. Man kann
für unseren Zeitraum also zunächst von einer deutlichen Familiarisierung der Gesellschaft reden.

Seit etwa zwanzig Jahren scheint die Familie zwar wieder im
Rückzug begriffen. Ob es aber durch die Zunahme nicht-ehelicher Lebensgemeinschaften, alleinerziehender Mütter und Väter usw. wirklich
zu einer Entfamiliarisierung der Gesellschaft oder nur zu einer Plurali-
sierung der Familienformen kommen wird, ist in der Familiensoziologie noch umstritten. Sicher ist, daß dieser Wandel nicht – wie manche
konservativen Sozialkritiker befürchten – zum Ende der Familie führt.
Lediglich die Ehe als rechtliche Grundlage der Familie und als Norm
der Lebensweise scheint wirklich an Bedeutung zu verlieren.

Zu diesen allgemeinen Trends gehört auch ein – zumindest in
Deutschland – eher langsamer als dramatischer Wechsel im Rollenverständnis von Mann und Frau und in der geschlechtsspezifischen Arbeitsteilung. Die Emanzipation der Frauen aus der ihnen im Rahmen
des bürgerlichen Ehe- und Familienideals auferlegten Konzentration
auf „Kinder, Küche, Kirche" hat zwar zugenommen. Die dominanten
Strukturen der Berufswelt wie der familialen Geschlechtsrollen sind
aber immer noch so, daß Frauen sich eine berufliche Karriere entweder
durch die Doppelbelastung von Beruf und Haushalt oder aber durch
den Verzicht auf Kinder erkaufen müssen. Letzteres fällt heute leichter,
da durch die zunehmende Säkularisierung, vor allem aber durch die Revolution der Verhütungsmittel in den 1960er Jahren, Sexualität und
Fortpflanzung entkoppelt wurden und auch die Ehe das Monopol auf
legitime Sexualität verloren hat.

Dies sind nur einige Beispiele für allgemeine und grundlegende
Wandlungsprozesse. Sie werden im folgenden umfassender und deutlicher herausgearbeitet. Daneben blieb ein gutes Maß an regionaler und

gemeinsame Wand-
lungstendenzen

Geschlechtsrollen

schichtspezifischer Vielfalt der Familienformen weiter bestehen. Dazu kommen für die Zeit nach dem Zweiten Weltkrieg auch noch die teilweise unterschiedlichen Entwicklungen in den beiden deutschen Staaten.

Gliederung des Buches So legte sich als Gliederungsprinzip dieses gedrängten Überblicks ein doppeltes Vorgehen nahe: Für die Darstellung der wirtschaftlichen Verhältnisse und Funktionen der Familien schien eine vorrangig schichtspezifische Gliederung notwendig. Bei anderen Aspekten, wie dem Verhältnis zwischen Mann und Frau, Eltern und Kindern oder Jugendlichen, war das Aufzeigen der allgemeinen Tendenzen von Wandel und Beharren wichtiger. Die schichtspezifische Differenzierung wurde hier innerhalb der einzelnen Abschnitte zwar angesprochen, trat aber als Gliederungsprinzip in den Hintergrund.

2. Familienkonzepte im Wandel

2.1 Die Begriffe „Haus" und „Familie" um 1800

Begriffsgeschichte von „Familie" und „Haus" Das Wort „Familie" bürgerte sich erst spät im deutschen Sprachgebrauch ein. Seit dem ausgehenden 17., vor allem aber im 18. Jahrhundert drang es als französisches Lehnwort „famille" in die deutsche Alltagssprache ein und löste dort den älteren Begriff des „Hauses" ab. Dieser hatte die Gesamtheit der unter dem Regiment eines Hausvaters stehenden Personen umfaßt, sofern sie zusammen arbeiteten, wohnten und aßen. „Haus" bezeichnete somit eine Rechts-, Arbeits-, Konsum- und Wirtschaftseinheit, zu der nicht nur die Familie im heutigen Sinne, sondern auch das Gesinde und der Besitz gehörten. In der Forschung spricht man heute auch von „großer Haushaltsfamilie". Der ebenfalls geläufige Begriff „Großfamilie" ist dagegen unpräzise und weckt falsche Assoziationen.

Meist weist das Auftreten neuer Begriffe auf das Aufkommen neuer kultureller, sozialer oder politischer Sachverhalte, Wahrnehmungen oder Einstellungen hin. Dies war beim Aufkommen des Begriffes „Familie" nicht der Fall, er übernahm zunächst das alte Bedeutungsspektrum von „Haus". Der deutschen Sprache stand daher bis ins ausgehende 18. Jahrhundert kein Begriff zur Abgrenzung jenes durch enge Verwandtschaft verbundenen Personenkreises zur Verfügung, den wir heute als Familie bzw. Kernfamilie bezeichnen.

Dieses Verständnis von Familie als einem unter der Leitung eines Hausvaters stehenden Rechtsverband, der über die eigentliche, aus Eltern und Kindern bestehende Kernfamilie hinaus auch noch alle anderen Mitglieder des Haushalts umfaßte, dominierte die Familientheorie und auch die staatliche und kirchliche Familienpolitik der Frühen Neuzeit. Es wurde in zahlreichen Ratgeberschriften, der sogenannten „Hausväterliteratur", verbreitet. Diese Literatur wirkte vor allem im Denken konservativer Familientheoretiker zum Teil bis in das 19. und 20. Jahrhundert hinein fort.

An der Wende zum 19. Jahrhundert kam es im Zeichen von Aufklärung und Romantik jedoch auch zu deutlich neuen Ansätzen im Denken über Ehe und Familie. Sie blieben zunächst weitgehend auf die Theorie beschränkt und entfalteten erst allmählich eine nachhaltigere Wirkung vor allem in den bürgerlichen Oberschichten. Die politische Philosophie der Aufklärungszeit hatte weltlicher Herrschaft insgesamt die religiöse Legitimation entzogen. Damit verschwand auch die religiöse Auffassung von der besonderen Stellung des Hausvaters. Analog dem Staat wurde die Familie als ein Vertragswerk aufgefaßt. Jedes Mitglied hatte den daraus entstehenden Verpflichtungen, vor allem aber der Unterordnung unter die Befehlsgewalt des Hausherren zuzustimmen und konnte den Vertrag auch wieder aufkündigen. Diese Auffassung stand im Gegensatz besonders zur katholischen Ehelehre, die die Ehe als Sakrament definiert und damit für unauflösbar hält. Teilweise beeinflußten diese Gedanken die großen aufgeklärten Rechtsreformen des ausgehenden 18. Jahrhunderts, die Reformen Josefs II. in Österreich, das Preußische Allgemeine Landrecht (1794) und natürlich auch den Code Civil Napoleons, die alle deutlich ein säkularisiertes Verständnis von Ehe und Familie beförderten.

Die aufklärungskritische Strömung der Romantik entwarf zu Beginn des 19. Jahrhunderts nochmals ein neues, gerade nicht an der Rationalität der Vertragstheorie orientiertes Leitbild für Ehe und Familie. Die Romantiker lehnten jeden äußeren rechtlichen oder religiösen Rahmen für die Begründung und Stabilisierung des Zusammenseins von Mann und Frau, Eltern und Kindern ab. Ehe und Familie sollten ausschließlich auf Liebe gründen. Solche romantische Beziehungsformen wurden in der Folgezeit zum Leitbild bürgerlichen Familienlebens.

Neue Ehekonzepte in Aufklärung und Romantik

2.2 Neue Familienkonzepte im 19. und frühen 20. Jahrhundert

Die Privatisierung und Emotionalisierung der Familie im Bürgertum ging einher mit einer verschärften Betonung der unterschiedlichen Ge-

Polarisierung
der Geschlechts-
charaktere schlechtscharaktere von Mann und Frau. Passivität, Emotionalität und
Mütterlichkeit galten als typisch weibliche Merkmale, während für
Männer Aktivität, Rationalität und Berufsorientierung kennzeichnend
sein sollten. Diese unterschiedlichen sozialen Qualitäten von Mann und
Frau versuchte man im 19. und 20. Jahrhundert über wissenschaftliche
Untersuchungen als biologisch verankerte Geschlechtsmerkmale nach-
zuweisen. Damit bot sich die Möglichkeit, das Gleichheitsdenken der
Aufklärung, das im Prinzip ja auch die Gleichheit der Geschlechter
umfaßte, rückwirkend zu entschärfen und in die alten patriarchalischen
Familienstrukturen und Rollenzuweisungen einzufügen. Dieses Modell
der Geschlechterpolarität war im 19. Jahrhundert praktisch allgemein
akzeptiert. Selbst die bürgerliche Frauenbewegung definierte – von
einem kleinen radikalen Flügel abgesehen – ihre Ziele ganz in Übereinstimmung damit. Frauenrechtlerinnen wie Gertrud Bäumer forderten
Gleichberechtigung der Frauen auf der Grundlage eines Konzepts der
„Gleichwertigkeit, aber Andersartigkeit" [303: STOEHR, Mütterlich-
keit].

Vor besondere Herausforderungen wurde die bürgerliche Fami-
Arbeiterfamilie
und bürgerliche
Familientheorie lientheorie und Gesellschaftspolitik durch die Auswirkungen von Fabrikindustrialisierung und Urbanisierung auf die Arbeiterschaft gestellt. In dieser meist land- und besitzlosen Bevölkerungsschicht verlor
die Familie ihre Funktion der primären Produktion sowie der Erhaltung
und Weitergabe von Vermögen; durch häufig offene Wohnformen mit
vielen Untermietern hatte sie nicht den Charakter des Privatraumes;
wegen der oft notwendigen Erwerbstätigkeit beider Eltern entsprach sie
auch nicht dem Ideal einer auf die Erziehung der Kinder konzentrierten
emotionalen Gemeinschaft; aufgrund erhöhter Mobilität fehlte den Arbeiterfamilien schließlich häufig der intergenerationelle Zusammenhang.

Diese Situation wurde von bürgerlichen Kritikern der Industrialisierung und des modernen städtischen Lebens, aber auch von Sozial-
reformern als Herd möglicher sozialer Unruhen oder gar einer Revolution erkannt. So fanden sozialkonservative Familienkonzepte, die sich
nostalgisch am vorindustriellen „ganzen Haus" orientierten, Eingang in
die öffentliche Debatte. Es war vor allem der Pionier der Volkskunde,
Wilhelm Heinrich
Riehl Wilhelm Heinrich Riehl (1823–1897), der der modernen Arbeiterfamilie das Ideal einer angeblichen vorindustriellen Großfamilie entgegen-
hielt, in der nicht nur mehrere Generationen, sondern auch Herrschaft
und Gesinde zusammen wohnten. Die verschiedenen Gruppen des
Hauses seien nicht nur durch ein Lohnverhältnis verbunden gewesen,
sondern durch Sitte und Brauch, und das hieß: durch religiös legiti-

mierte patriarchalische Strukturen. Das habe das „ganze Haus" zum
Garanten der sozialen Ordnung gemacht.

Riehls Konstruktion des vorindustriellen Hauses war hoch ideologisch und hatte (wie die moderne Familienforschung nachwies)
wenig Entsprechung in der historischen Realität. Um so wirksamer
war sie aber bei der Formierung allgemeiner Einstellungen zur Familie. Die weit verbreiteten Schriften Riehls und anderer konservativer
Autoren wirkten bis in die Arbeiterbewegung hinein. Auch sozialistische Gesellschaftstheoretiker sahen die Entwicklung der Familien- **konservative Fami-**
und Haushaltsstrukturen in der Arbeiterschaft meist aus der Perspek- **lienauffassungen**
tive des Verfalls stabiler kernfamilialer Einheiten. Selbst die proletari- **in der Arbeiter-**
sche Frauenbewegung war zunächst keine egalitäre Bewegung, son- **bewegung**
dern kolportierte ebenfalls das Bild von der zwar gleichwertigen, aber
„anderen" Frau, die ihre Erfüllung in ihrem Beruf als Hausfrau und
Mutter fand.

Erst im Lauf der 1920er Jahre kam es innerhalb der Sozialdemo-
kratie, vor dem Hintergrund veränderter Positionen in USPD und KPD, **Ehereformdiskussio-**
zu einer Ehereformdiskussion, die im Namen der Gleichheit der Ge- **nen in den Arbeiter-**
schlechter die alten patriarchalischen Strukturen deutlich angriff und **parteien**
einen Übergang von der Zwangsehe zur Kameradschaftsehe forderte.
In dieser ausgedehnten Diskussion wurde die ökonomische Selbständigkeit der Frau als Voraussetzung für ihre persönliche und gesellschaftliche Befreiung bezeichnet. Manche Frauen traten für die Erwerbsarbeit der Mütter ein und forderten eine entsprechende Sozialpolitik, die ihnen das ermöglichte.

Parallel dazu wurde die Frage der Kindererziehung zu einem Bereich, in dem sich nicht nur in der sozialistischen Familienlehre, sondern auch in der bürgerlichen Reformpädagogik ausgeprägte emanzi- **Reformpädagogik**
patorische Ansätze fanden. Hier wurde – wenigstens theoretisch – eine
Praxis eingefordert, die sich deutlich gegen die patriarchalischen Strukturen der Familie richtete, da ihr Ziel die freie Entfaltung der Individualität des Kindes und nicht mehr dessen Unterordnung, Demut und Ge-
horsam war. Dies erforderte allerdings eine Umgestaltung nicht nur der
Eltern-Kind-, sondern auch der Partnerbeziehungen.

So nahmen sowohl die bürgerliche Reformpädagogik als auch die
familienpolitischen Programmschriften der Arbeiterbewegung nach
dem Ersten Weltkrieg jene Traditionen wieder auf, die von den Philosophen und Pädagogen der Aufklärung bereits thematisiert, aber nicht
zu Ende formuliert worden waren: Die Familie sollte zu einem Ort der
gleichberechtigten Entfaltung und nicht der Unterordnung werden.
Vieles davon blieb allerdings auch jetzt nur Programm. Dennoch: Die

Familienleitbilder, die von bürgerlichen und sozialistischen Theoretikern während des 19. Jahrhunderts in Abwehr des Anspruchs auf Gleichheit und Emanzipation formuliert worden waren, wurden nun nachhaltig in Frage gestellt.

2.3 Familie in der Ideologie des Nationalsozialismus

Die demokratisierenden Tendenzen in den Familien- und Partnerbeziehungen, die sich den Familienkonzeptionen in der Zeit nach dem Ersten Weltkrieg zeigten, wurden in der Zeit des Nationalsozialismus völlig unterdrückt. Für die Nationalsozialisten war die Familie ein entscheidender Ansatzpunkt zur Verwirklichung ihrer rasse- und gesellschafts-

Familie als Mittel nationalsozialistischer Rassen- und Gesellschaftspolitik

politischen Ziele. Der Familienpolitik kam daher im Nationalsozialismus eine hohe Aufmerksamkeit zu.

Das Geschlechterverhältnis wurde von den Nationalsozialisten wieder ganz im traditionellen Sinne definiert: Der Mann wurde als Ernährer und Oberhaupt der Familie angesehen, der seinen Haushalt in allen wesentlichen Fragen nach außen zu vertreten hatte. Die Frau dagegen sollte ihre Bestimmung in ihrer Rolle als Ehefrau und Mutter finden und nach Möglichkeit aus dem Bereich der bezahlten Erwerbsarbeit ausscheiden. Die nationalsozialistische Familienpolitik zielte ganz deutlich auf die Befestigung patriarchalischer Strukturen. Die zahlreichen Hilfs- und Unterstützungsprogramme für Frauen sollten nicht deren Emanzipation, sondern der Steigerung der Rate rassepolitisch erwünschter Geburten dienen.

Die Familie war für die Nationalsozialisten somit vor allem eine funktionale Einheit. Die emotionale Einheit der Familie war ihnen dagegen suspekt. Der Privatraum des eigenen Haushalts sollte nicht geschützt, sondern der politischen Kontrolle geöffnet werden. Durch die Einbindung aller, auch der Kinder, in staatliche Organisationen sollten die Binnenstruktur der Familie und die emotionalen Verbindungen zwischen den Generationen aufgelöst werden. Die Einrichtung von lokalen Spitzel- und Überwachungssystemen schließlich trug das gegenseitige Mißtrauen als systemstabilisierende Herrschaftstechnik bis in die Familien hinein.

Im Gegensatz zum Zeitalter des Absolutismus, als der Hausvater ein Abbild des Landesherrn war und die gleiche Autorität im Inneren seines Hauses für sich in Anspruch nehmen konnte wie der Landesherr im großen, hat der Nationalsozialismus keine entsprechende Identifizierung von Vater und Führer hervorgebracht. Die nationalsozialistische Familienideologie war zwar an der Befestigung der sozialen Stellung der Männer orientiert, aber ebenso an der Öffnung der Familien für den Einfluß der nationalsozialistischen Organisationen. Letzteres hätte mit einer allzu großen Forcierung der väterlichen Autorität innerhalb der Familie in Widerspruch geraten können.

2.4 Familienkonzepte in beiden deutschen Staaten nach dem Zweiten Weltkrieg

In der Zeit nach dem Zweiten Weltkrieg waren in der Bundesrepublik die Familienkonzepte der politischen Parteien und der Kirchen ganz wesentlich von dieser Erfahrung der Funktionalisierung der Familie für die unmenschlichen Ziele des NS-Regims und des Zugriffs der NS-Organisationen auf die Kinder und Jugendlichen geprägt. Im Art. 6 des Grundgesetzes wurde die Familie daher konsequent unter den Schutz des Staates gestellt. Das heißt, die Familie wurde letztlich im Anschluß an die Positionen der historischen Rechtsschule des 19. Jahrhunderts als eine Intimsphäre institutionalisierter Privatheit konzipiert, die gleichberechtigt neben Staat und Gesellschaft treten sollte und vor Übergriffen geschützt werden mußte.

Art. 6 des Grundgesetzes

In der DDR-Verfassung wurde die Familie zwar nicht in gleicher Weise als ein Ort der dem staatlichen Zugriff entzogenen Privatheit konzipiert, dennoch wurde auch hier die Familie als „kleinste Zelle der Gesellschaft" unter den Schutz des Staates gestellt. Die für das Leben geschlossene Ehe galt als Grundlage der Familie, andere Formen des Zusammenlebens von Partnern waren in der DDR offiziell unerwünscht.

Schutz der Familie in der DDR

Heute haben Ehe und Familie im traditionellen Sinn diese Monopolstellung in den alten wie in den neuen Bundesländern eingebüßt. Neue Formen der Lebensgemeinschaft, vor allem Wohngemeinschaften und nichteheliche Lebensverbindungen, treten gleichberechtigt neben sie. Die Zahl der Ein-Personen-Haushalte schließlich nimmt sprunghaft zu. Der vehemente Säkularisierungs- und Entkirchlichungsschub seit den 1970er Jahren, die Entkoppelung von Sexualität und Familie durch die modernen Verhütungsmittel und die wirtschaftliche Absicherung des Individuums durch den Sozialstaat haben dazu ebenso beigetragen wie mentale Veränderungen, die die Selbstverwirklichung des Individuums in Beruf und Freizeit über das Bedürfnis nach sozialer Bindung stellen. Ein wichtiger Faktor des Wandels ist schließlich auch die zunehmende Selbstbefreiung der Frauen aus patriarchalischen Familienverhältnissen, ihr Streben nach Selbständigkeit und Unabhängigkeit. Über 70% aller Scheidungsanträge werden heute von Frauen eingereicht.

Neue Lebensgemeinschaften

War die Entwicklung während des 19. und großer Teile des 20. Jahrhunderts dadurch gekennzeichnet, daß Staat und Gesellschaft immer neue Teilbereiche und Institutionen ausdifferenzierten, die ehemals familiäre Aufgaben übernahmen, wie z. B. die Schule, die Fabrik oder das Büro, die Versicherungen usw., so geht nun am Ende des 20. Jahrhunderts die Entwicklung offensichtlich dahin, daß auch neue Formen sozialer Verbindungen entstehen, die in Konkurrenz zum bürgerlichen Ideal der Kernfamilie treten. Ob Sie sich durchsetzen und welche soziologischen, sozialpsychologischen, aber auch wirtschaftlichen Folgen dies für die moderne Industriegesellschaft haben wird, ist bisher noch kaum abzusehen.

3. Materielle Grundlagen und wirtschaftliche Organisation der Familien

Wohlstands-
explosion nach dem
Zweiten Weltkrieg

Die ersten drei Jahrzehnte nach dem Zweiten Weltkrieg waren in der Bundesrepublik gekennzeichnet durch eine Wohlstandsexplosion: Das Volkseinkommen pro Kopf steigerte sich zwischen 1950 und 1980 um mehr als 400%. Das war in nur dreißig Jahren ein Zuwachs, der doppelt so hoch war wie der in den 150 Jahren zwischen 1800 und 1950. Dies führte auch in den mittleren und unteren Einkommensgruppen zu einer erheblichen Verbesserung des Lebensstandards. Manche Soziologen folgerten daraus, daß sich die westlichen Industrienationen zu „nivellierten Mittelstandsgesellschaften" entwickeln würden [72: SCHELSKY, Wandlungen, 218, 228]. Soziale Ungleichheit verschwand aber nicht, sondern verlagerte sich nur auf ein höheres Niveau. Diese Niveauanhebung machte jedoch für Familien der Unterschichten einen ganz wesentlichen Unterschied: Die Sorge um das tägliche Brot und das Überleben mußte nicht mehr in gleichem Maße im Zentrum aller Anstrengungen sämtlicher Familienglieder stehen, wie dies im 19. und frühen 20. Jahrhunderts der Fall war; Kinder und Jugendliche konnten seither für eine bessere Ausbildung von der Arbeit freigestellt werden; die Gestaltung von Freizeit wurde auch in diesen Schichten zu einer ebenso wichtigen Familienfunktion wie die Organisation von Arbeit. Seit einigen Jahren öffnet sich jedoch in der Bundesrepublik die Schere zwischen Arm und Reich erneut. Das wirkt sich drastisch auf die ärmeren Familien und ihre Kinder aus. Etwa 20 Prozent der Kinder in der Bundesrepublik müssen über die verschiedenen Formen der Sozialhilfe unterstützt werden.

3.1 Die Familienwirtschaft der Bauern und Heimarbeiter im 19. und 20. Jahrhundert

Im Gebiet des Deutschen Reiches wohnten 1871 noch 75% aller Einwohner in ländlichen Gemeinden mit weniger als 5000 Einwohnern, im Jahr 1962 waren es noch knapp 45% der Einwohner der damaligen Bundesrepublik. Im Jahr 1800 lebten etwa 75% der Bevölkerung des späteren Gebiets des Deutschen Reiches von der Landwirtschaft, in der Bundesrepublik 1962 noch 9%. Die Zahl der Beschäftigten in bäuerlichen Vollerwerbsbetrieben ging bis 1989 auf 3,1% der Erwerbstätigen in der Bundesrepublik und auf 10% in der DDR zurück. <abbr>Rückgang der ländlichen Bevölkerung und der Landwirte</abbr>

Die Zahl der von der Landwirtschaft lebenden Personen verringerte sich somit während der letzten 200 Jahre deutlich rascher als der Anteil der Landbevölkerung. Vielfach bildeten sich dadurch Mischstrukturen zwischen Landwirtschaft und ländlichem Handwerk bzw. Fabrikarbeit heraus. Bei den ländlichen Familienformen müssen deshalb die Bauernfamilien mit einem Vollerwerbsbetrieb gesondert von den Familien der ländlichen Mittel- und Unterschichten betrachtet und regionale Unterschiede berücksichtigt werden.

Vorrangiges Ziel der traditionellen bäuerlichen Familienwirtschaft war die Sicherung der Nahrung und des sozialen Status der Familie. Das beinhaltete bei den Vollerwerbsbauern vor allem den Erhalt des Hofes als der Lebensgrundlage auch der zukünftigen Generationen. Diesen Zielen wurden die Leistungen und Bedürfnisse der einzelnen Familienmitglieder untergeordnet. Sämtliche Arbeitsleistungen und Einkünfte gehörten der Gesamtfamilie. Für die Arbeitsleistung der Familienmitglieder wurde kein Lohn bezahlt. *bäuerliche Familienwirtschaft*

Die Proletarisierung der klein- und unterbäuerlichen Schichten war seit der Mitte des 18. Jahrhunderts rasch vorangeschritten. In Preußen machte die landlose oder landarme Landbevölkerung um die Mitte des 19. Jahrhunderts bereits ein Drittel der Gesamtbevölkerung aus. Für Österreich werden ähnliche Größenverhältnisse angenommen. Auch in Süddeutschland entstanden durch das vorherrschende Realteilungsrecht bei ständig wachsender Bevölkerung viele landwirtschaftliche Klein- und Kleinstbetriebe. Die Agrarkrisen, aber auch die Agrarreformen des 19. Jahrhunderts – die den Bauern hohe Ablösesummen auferlegten, an deren Tilgung kleinere Höfe schwer zu tragen hatten – führten vielfach zur Verarmung. *Proletarisierung der ländlichen Unterschichten*

Familien in dieser klein- und unterbäuerlichen Schicht entsprachen keineswegs mehr dem Idealtyp des „ganzen Hauses". Ihr bäuerlicher Betrieb konnte weder genügend Arbeit noch genügend Nahrung für alle bereitstellen. Kinder mußten gegen Nahrung frühzeitig in andere Haushalte verdingt werden, Eltern bei Nachbarn Taglohnarbeiten verrichten. Ein großer Teil der Bauernfamilien war seit dem ausgehenden 18. Jahrhundert daher nicht mehr durch die Einheit von Arbeit und Konsum gekennzeichnet, sondern durch Strukturen, die sie gerade in diesen Punkten von anderen Haushalten abhängig machten.

In vielen Gegenden konnten allerdings bis weit ins 19. Jahrhundert hinein das Einkommen und die Haushaltsstruktur unterbäuerlicher Schichten durch Landhandwerk im Rahmen der protoindustriellen Textilherstellung stabilisiert werden. Hier erhielt sich auch in den Unterschichten der Charakter des „ganzen Hauses": Alle Familienmitglieder – Eltern, Kinder und sonstige Inwohner – waren in den Produktionsprozeß einbezogen, wirtschafteten in eine Kasse und stellten eine Konsumeinheit dar. Zum Teil kam es in diesen Familien allerdings zu einer Änderung der Autoritätsstrukturen, da die Arbeit der Frauen ökonomisch oft wichtiger war als die der Männer, die dann die Hausarbeit und die Kleinlandwirtschaft übernahmen.

Stabilisierung durch Hausindustrie

Die materielle Basis der unterbäuerlichen Heimindustrie war jedoch außerordentlich prekär. Protoindustrielle Regionen galten als besonders krisenanfällig, da sie sowohl von Agrar- wie auch von industriellen Absatzkrisen getroffen wurden. Auf der anderen Seite ermöglichte die Heimindustrie in normalen Jahren den ländlichen Unterschichten einen Lebensstandard, den sie im rein agrarischen Kontext nicht hätten erreichen können. Vor allem erhielten viele erst durch die Heimindustrie die Möglichkeit zur Familiengründung.

Auch bei den besser gestellten Bauernfamilien behielt das System der Familienwirtschaft seine Funktionalität weiter bei. Es wurde von hier aus gewissermaßen zu einem „Traditionsbestandteil" der bäuerlichen Familie und bestimmte auch noch die Landwirtschaftspolitik der Nachkriegszeit. Nach dem § 1617 des Bürgerlichen Gesetzbuches besteht in der Bundesrepublik eine gesetzliche Arbeitspflicht der Kinder in der Familie. Diese wird in Kleingewerbe und Handel, vor allem aber in der Landwirtschaft bis in die Gegenwart sehr stark in Anspruch genommen. Besonders von den zukünftigen Hoferben wird erwartet, daß sie auch als erwachsene junge Leute unentgeltlich auf dem elterlichen Betrieb mitarbeiten. Noch 1960 waren über 50% der in der Landwirtschaft beschäftigten Personen mithelfende Familienangehörige. Über ein Drittel davon gehörten in die Altersgruppe der 14- bis 25jährigen. Obwohl ihre durchschnittliche Arbeitszeit zwischen 10 und 13 Stunden betrug, erhielten nur die wenigsten von ihnen einen regulären Lohn. Den meisten wurde nur bei Bedarf ein Taschengeld bezahlt, um das sie zuerst noch bitten mußten.

bäuerliche Familienwirtschaft im 20. Jahrhundert

Erst in den letzten beiden Jahrzehnten haben sich diese Verhältnisse auch auf dem Land gelockert und an die anderen Arbeitsverhältnisse angepaßt. Ganz auflösen kann sich die bäuerliche Familienwirtschaft allerdings noch immer nicht. Seit nun auch viele mittlere Betriebe um ihre Existenz ringen müssen und der Erhalt des Hofes für die zukünftigen Generationen auf dem Spiel steht, bekommen alte Strukturen und Mechanismen der Familienwirtschaft oft neue Aktualität. Dies wird ermöglicht durch die Tatsache, daß bäuerliche Familien in der Bundesrepublik mit 20% noch einen überproportional hohen Anteil an Dreigenerationenhaushalten (der Bundesdurchschnitt liegt unter 3%) und die vergleichsweise höchste Kinderzahl aller Berufsgruppen haben. Schwierige Phasen im Familienzyklus des bäuerlichen Betriebs oder Zeiten der Krankheit usw. werden heute wegen der hohen Lohnkosten nicht mehr durch Einstellung von Gesinde, sondern verstärkt durch nachbarschaftliche Kooperation überwunden.

Die materielle Lage der Bauern ist gegenwärtig äußerst angespannt. Zwar verfügen Bauernfamilien als Eigentümer ihres Betriebs über hohe Vermögenswerte, die aus den Höfen erwirtschafteten Einkommen sind jedoch zum Teil sehr bescheiden. Fast 20% der Vollerwerbshöfe der Bundesrepublik erwirtschafteten 1990 weniger als 20 000 DM Jahreseinkommen. Viele Höfe leben von der Substanz und müssen Eigenkapitalverluste hinnehmen. Durch die größeren Familien schließlich lag das Einkommen pro Haushaltsmitglied 1988 nur bei 73% des Durchschnitts.

materielle Lage der Bauernfamilie in der Gegenwart

3.2 Der handwerkliche Familienbetrieb

Ähnlich wie die bäuerliche Familienwirtschaft basierte auch der Handwerksbetrieb bis in das 19. Jahrhundert hinein auf der Verquickung von Unternehmen und Familie. Das normative Leitbild, das allerdings bereits im Handwerk der Frühen Neuzeit keineswegs mehr allgemeine Gültigkeit besaß, war auch hier das „ganze Haus", die patriarchalisch strukturierte Einheit von Kernfamilie und Gesinde als einer Arbeits-, Wohn- und Konsumgemeinschaft. In vielen Handwerksbereichen – vor allem im Bauhandwerk – hatte sich jedoch schon seit dem späten Mittelalter oder der beginnenden Frühen Neuzeit die Gewohnheit aufgelöst, daß Lehrlinge und Gesellen beim Meister wohnten und durch ihn verköstigt wurden. Entgegen der idealtypischen und in vielen Zunftordnungen auch rechtlich fixierten Konstruktion des Handwerkerlebenslaufs, der bis zum Erwerb des Meisterpatents als lediger Junggeselle in den Haushalt seines Arbeitgebers integriert bleiben sollte, hatten viele

Erosion des „ganzen Hauses" im Handwerk

junge Handwerker bereits als Gesellen geheiratet und einen eigenen Hausstand gegründet. Dabei zeigten sich allerdings große branchen- und auch regionalspezifische Unterschiede. In Großstädten wie Berlin war in den 1820er Jahren nur noch etwa die Hälfte der Gesellen in den Haushalt der Meister integriert, in Nürnberg dagegen noch Dreiviertel. Eine ähnliche Tendenz setzte sich im Laufe des 19. Jahrhunderts auch bei den Lehrlingen durch. Im kleinen produzierenden Handwerk war das Mitwohnen von Gesellen für die Meister allerdings noch lange Zeit vorteilhaft, denn sie konnten Kost und Logis gegen den Lohn verrechnen und dadurch oft Geld sparen. Zugleich waren die Arbeitskräfte für Überstunden besser verfügbar.

Zu einem wichtigen Faktor für die Auflösung der alten Haushaltsformen wurde schon während der ersten Hälfte des 19. Jahrhunderts die starke Zunahme der Bevölkerung. Wesentlich mehr Lehrlinge und Gesellen drängten in das Handwerk, als nachher Meisterstellen zur Verfügung standen. Gesellen, die wenig Aussicht auf eine selbständige Existenz hatten, neigten eher dazu, sich irgendwann aus dem Haushalt des verheiratete Gesellen Meisters auszugliedern und eine eigene Familie zu gründen. In diesen Haushalten der Gesellen bildeten sich dann bald ähnliche Strukturen heraus wie in denen der Arbeiter: Durch die starken Konjunkturschwankungen, vor allem in der zweiten Hälfte des 19. Jahrhunderts, waren viele Gesellen wenigstens von temporärer Arbeitslosigkeit betroffen. Das bedeutete, daß die Familien für ihren Unterhalt auch noch auf die Erwerbstätigkeit der Frauen und ein Einkommen aus Untervermietung angewiesen waren.

Die materielle Situation der Meisterhaushalte war während des gesamten 19. Jahrhunderts durch eine starke Streuung der Einkommensgruppen gekennzeichnet. Viele Familien der besonders überfüllten Handwerke, wie zum Beispiel der Schuster oder Schneider, lebten ständig am Rande des Existenzminimums. Andere Meisterfamilien gehörten deutlich zur lokalen Oberschicht. Karl Bücher hat für das Jahr 1893 die Einkommensverhältnisse Leipziger Handwerker zusammengestellt. Daraus geht hervor, daß weit über 80% der Schuhmacher und Schneider unter der Grenze eines Jahreseinkommens von 1250 M. lagen, die Bücher als die Trennungslinie zwischen einem armen und einem notdürftigen Auskommen ansah. Unter dieser Armutsgrenze lagen außerdem 49% der Tischler, 32% der Schlosser, aber nur 9,3 bzw. 7,8% der Bäcker und Fleischer. Speziell die Mitglieder des Nahrungsmittelhandwerks gehörten tendenziell zu den besser Verdienenden; fast 20% der Metzger verdienten sogar zwischen 5400 und 12 000 M. pro Jahr und kamen damit an die Grenze der hohen Einkommen. Sie waren

Einkommensunterschiede der Meisterhaushalte

typische Vertreter des sich während des Kaiserreichs herausbildenden neuen Mittelstandes.

Diese Polarisierung der Einkommen und der subproletarische Lebensstandard der Kleinhandwerker setzten sich auch in der Zeit nach dem Ersten und ganz besonders nach dem Zweiten Weltkrieg fort . Vor allem im produzierenden Gewerbe konnten sich fast nur noch große Betriebe halten. Zwischen 1949 und 1978 halbierte sich daher die Zahl der Handwerksbetriebe in der Bundesrepublik von 850 000 auf 460 000. Mit diesem Verdrängungs- und Konzentrationsprozeß stiegen zugleich die Einkommen der selbständigen Handwerksbetriebe deutlich an. Entsprach noch Mitte der 60er Jahre das Einkommen eines Viertels der selbständigen Handwerker dem Durchschnittseinkommen eines Industriearbeiters, liegt ihr Einkommen seither deutlich höher.

Rückgang der kleinen Handwerksbetriebe

3.3 Die materielle Situation der Arbeiterfamilien

Die idealtypische Arbeiterfamilie war für ihren Lebensunterhalt ausschließlich auf ein immer viel zu geringes Einkommen aus Fabrikarbeit angewiesen. Die Löhne waren – und sind noch immer – Individuallöhne, die sich nicht an dem Bedarf der jeweiligen Familien orientieren. Allerdings schwankte die Höhe des Einkommens zwischen den verschiedenen Berufssparten und Regionen beträchtlich: Die Löhne im Bergbau und in der Metallindustrie lagen wesentlich höher als die in der Textilindustrie; in Hamburg oder in den westpreußischen Industriegebieten wurde mehr gezahlt als in Württemberg oder in Schlesien. Aber auch innerhalb der einzelnen Industriezweige konnten die Unterschiede enorm sein: Im Bergbau verdiente 1890 ein Schlepper nur 70 bis 80% des Durchschnittlohns, ein Hauer oder Steiger dagegen konnte ein Einkommen erzielen, das wesentlich darüber lag. Generell läßt sich jedoch vor allem für die zweite Hälfte des 19. Jahrhunderts ein deutlicher Anstieg der Nominal- und Reallöhne feststellen.

Lohnunterschiede in der Arbeiterschaft

Für die Familiengeschichte am interessantesten ist die Entwicklung der Löhne im Lebenszyklus. Mit 18 bis 20 Jahren erreichte ein Mann den Normallohn für einen erwachsenen Arbeiter. Zwischen 25 und 40 Jahren erlangte er das Maximum seiner körperlichen Arbeitskraft und damit auch die Spitze dessen, was er durch Überstunden und Akkord an Arbeitslohn verdienen konnte. Danach fiel seine Lebenslohnkurve allmählich wieder ab.

Lebenslohnkurven

Aus Untersuchungen zu den Lebensverdienstkurven von Arbeitern ergibt sich, daß es im Kaiserreich viele Arbeiterfamilien gab, bei denen der Lohn des Mannes trotz der Reallohnsteigerung während des

19. Jahrhunderts nicht zum Unterhalt der Familie ausreichte. In Chemnitz z. B. war das noch um 1900 bei fast 60% der gelernten Arbeiter in der Metallindustrie der Fall, bei 81% der gelernten Textilarbeiter und bei 86% der gelernten Bauarbeiter. Am Ende des 19. Jahrhunderts war deshalb in fast allen Arbeiterfamilien die (zeitweilige) außerhäusliche Lohnarbeit der Frau und auch der Kinder eine dringende Notwendigkeit. Ihr Beitrag lag – mit großen Branchen- und Stadt-Land-Unterschieden – in der Regel bei 10 bis 20% des Familieneinkommens.

Außerhäusliche Lohnarbeit verheirateter Frauen wurde von ihren Männern jedoch meist als sozialer Makel angesehen. Einen häufig gewählten Ausweg stellte daher das Hereinnehmen von Untermietern in die eigene Wohnung dar. Hierdurch konnte das Familienbudget aufgewertet werden, ohne daß die Ehefrauen außerhäuslicher Lohnarbeit nachgehen mußten. Dazu kam die Umstellung des Bekleidungsgewerbes auf Massenfertigung durch weibliche Heimarbeit. In Berlin, einem Zentrum der neuen Massenbekleidungsindustrie, waren im Jahr 1896 etwa 90 000 meist hausindustriell arbeitende Frauen in diesem Sektor beschäftigt. Eine Befragung in Berliner Betrieben der Maschinenindustrie vor dem Ersten Weltkrieg ergab, daß etwa ein Drittel der Ehefrauen aller Arbeiter erwerbstätig waren, über 75% davon in Heimarbeit.

Trotz dieses Zuverdienstes der Frauen deckte der Arbeitslohn von Mann und Frau, vor allem in den weniger qualifizierten Bereichen, die Lebenskosten der Familien kaum. Besonders während der Wirtschaftskrisen in den 1870er und 1880er Jahren gab es viel Elend. Dies scheint sich allerdings bereits vor dem Ersten Weltkrieg in den meisten Branchen gebessert zu haben. Die Reallöhne stiegen deutlich an. Auch nach dem Ersten Weltkrieg hatte sich trotz Depression insgesamt eher eine Verbesserung der materiellen Situation gerade der Arbeiter ergeben, während vor allem die Beamten erhebliche Einkommensverluste hinnehmen mußten.

Bei der materiellen Lebensgrundlage der Arbeiterfamilie ist außerdem zu berücksichtigen, daß in kleineren Städten und vor allem auch in Bergarbeitersiedlungen viele Familien ihr Einkommen aus eigenen Feldern und Gärten oder auch aus einer Kleintierhaltung ergänzen konnten. Der Typus des Arbeiterbauern, der an seinem kleinen Landbesitz festhielt und daraus nicht nur zusätzlichen Unterhalt, sondern auch einen Teil seines nicht-proletarischen Selbstbewußtseins bezog, war bis ins frühe 20. Jahrhundert weit verbreitet. Noch 1925 hatten 32% der Arbeiter- und Angestelltenfamilien Landnutzung, in einigen Regionen lag der Anteil sogar wesentlich höher (Württemberg 40%,

(Randnotizen)
Lohnarbeit von Frauen

Reallohnentwicklung

Kleinstlandwirtschaft als Lohnergänzung

Braunschweig 59%). Knapp 10% der Arbeiter führten noch regelrechte Nebenerwerbsbetriebe. Trotz dieser landwirtschaftlichen Eigenproduktion gingen in fast allen Berufssparten bis in die Zeit nach dem Ersten Weltkrieg zwischen 50 und 60% des Einkommens in die Beschaffung von Nahrungsmitteln, vor allem von Grundnahrungsmitteln. Da außerdem etwa 20% für die Miete ausgegeben werden mußten, blieb für sonstige Bedürfnisse wenig Spielraum. Seit dem frühen 20. Jahrhundert bekamen jedoch Ausgaben für Bildung, Erholung, Verkehr oder auch für Genußmittel und Einrichtungsgegenstände einen ständig größeren Anteil am Haushaltsbudget der Arbeiterfamilien, während diejenigen für Ernährung (z. B. 1973: 31,0%) und Miete (z. B. 1973: 13,8%) zurückgingen.

Diese kontinuierliche Aufwärtsentwicklung des Reallohns der Arbeiter darf allerdings nicht darüber hinwegtäuschen, daß sowohl durch Arbeitslosigkeit als auch durch die beiden Weltkriege viele Familien in großes Elend gerieten. Auch nach dem Zweiten Weltkrieg war die Ernährungslage katastrophal. 22% des Wohnraumbestandes waren zerstört, es fehlte vielen an allen Dingen des täglichen Lebens. Der Krieg hatte fast 2 Millionen Kriegerwitwen hinterlassen, ebenso viele Schwerversehrte und auch über 2 Millionen deklassierte Menschen, die durch den Krieg ihr gesamtes Vermögen und ihren Beruf verloren hatten. Noch 1950 betrug die Arbeitslosenquote 11%. Erst in den 50er Jahren begann das deutsche Wirtschaftswunder auch die Lebenssituation von Industriearbeitern grundlegend zu verändern. Allerdings entstand nun auf höherem Niveau wieder die Situation, daß – gemessen an den Konsumwünschen – das Einkommen von Arbeiter- und unteren Angestelltenfamilien nicht ausreichte. Um das Ziel von Kühlschrank, Waschmaschine, Auto und Urlaub zu erreichen, mußten die meisten Industriearbeiterfrauen mitarbeiten, die Männer Überstunden machen oder am Wochenende schwarzarbeiten. Dennoch leiteten die 60er Jahre eine Zeit bisher nicht dagewesener materieller Sicherung und relativen Wohlstands der Arbeiterschaft ein, die allerdings seit den Wirtschaftskrisen der 1970er Jahre, dem Strukturwandel der Wirtschaft und der damit verbundenen hohen Dauerarbeitslosigkeit wieder erste Rückschläge erlitt.

Reallohnentwicklung nach dem Zweiten Weltkrieg

3.4 Bürgerliche Haushalte zwischen Armut und Überfluß

Im 18. Jahrhundert hatten auch großbürgerliche Haushalte noch den Charakter von Wirtschaftshöfen: Zum Haushalt des Rats Goethe, dem Vater des Dichters, gehörten große Obstgärten, Äcker, Wiesen und

Rückgang der Eigenversorgung im Bürgertum

Weinberge. Die Familie Goethe war zwar nicht autark, aber die Eigenproduktion spielte noch eine große Rolle. Ein solcher Haushalt funktio-
nierte nur durch die Beschäftigung einer großen Zahl von Dienstboten.
Diese Form der Familienwirtschaft in großbürgerlichen städtischen Haushalten verschwand im Laufe des 19. Jahrhunderts. Die
Haushalte verfügen zwar noch über kleinere Gärten, eine eigene Landwirtschaft wurde jedoch nicht mehr betrieben. Die Vorratsräume der
alten Bürgerhäuser verschwanden. Im Zuge der Urbanisierung wurde
sogar das eigene Haus auch in großbürgerlichen Kreisen vielfach durch
eine Etagenwohnung in den modernen Stadthäusern ersetzt.

Gesinde als Statusmerkmal

Trotz dieser Wandlungen blieb die Hereinnahme von Gesinde bis
weit ins 20. Jahrhundert ein deutliches Charakteristikum bürgerlicher
Haushalte. Gesinde war in gewisser Weise ein Prestigeobjekt, ein Statusmerkmal, für das manche Familien am Rande des Bürgertums einen
hohen Anteil ihres Familieneinkommens zu zahlen bereit waren. Immer weniger Familien konnten sich das aber wirklich leisten. In der
zweiten Hälfte des 19. Jahrhunderts ging daher die Zahl der Haushalte
mit Dienstboten auch im Bürgertum zurück. In Berlin hatten 1871 noch
17,3%, im Jahr 1900 aber nur noch 12,4% der Haushaltungen Dienstboten. Die bessere soziale Absicherung des Gesindes seit der Zeit der
Weimarer Republik und die einsetzende Technisierung der Haushalte
ließ die Beschäftigung von Gesinde zunehmend zum Luxus werden,
den sich zumindest nach dem Zweiten Weltkrieg nur noch die oberste
Oberschicht zu leisten pflegte. Erst in jüngster Zeit kommt es bei dop-
pelverdienenden Ehepaaren mit Kindern in der Form des Au-pair-Mo-
dells wieder zu Haushalten mit „Gesinde".

Haushaltsgeräte

Zu den bürgerlichen Statussymbolen gehörten im frühen 20. Jahrhundert außerdem die elektrischen Haushaltsgeräte. Vor dem Ersten
Weltkrieg waren in Berlin lediglich 5,5% aller Wohnungen mit Strom
versorgt, 1927 waren es bereits über 50%. Waschmaschinen und Kühl-
schränke blieben aber bis zur Zeit nach dem Zweiten Weltkrieg noch
ein Luxus, den sich wiederum nur die bürgerliche Oberschicht leisten
konnte.

Angestellte als neuer Mittelstand

Am unteren Rande des Bürgertums bewegte sich seit dem ausgehenden 19. Jahrhundert der sogenannte neue Mittelstand. Viele Status-
symbole des Bürgertums waren für die Familien dieser Schicht nur
schwer oder gar nicht erschwinglich. Dennoch unterschied sich der
neue Mittelstand nicht nur nach der eigenen Auffassung, sondern auch
durch objektive materielle Kriterien von den Arbeitern. Angestellte bekamen ein monatliches Gehalt und keinen wöchentlichen Lohn; sie hatten eine gewisse Arbeitsplatzsicherheit oder zumindest längere Kündi-

gungsfristen; ihre Renten waren höher, ebenso die Versorgung bei Invalidität.

Auch von ihrem Lebensstil her waren die Angestellten stärker am Bürgertum als an der Arbeiterschaft orientiert. Kontrovers wird allerdings in der Forschung die Orientierung der Angestellten am bürgerlichen Spar- und Konsumverhalten bewertet. Auf der einen Seite wird den Angestellten eine „starke Aufstiegsmotivation" [43: NIPPERDEY, Deutsche Geschichte, 376] unterstellt, die letztlich auch ein vorausschauendes Sparen und Konsumverzicht für die Ausbildung der Kinder impliziert hätte. Präzise Untersuchungen von Haushaltsbudgets ergaben jedoch, daß Angestellte bei ihrer Einkommensverwendung nur eine geringe „Familienorientierung" hatten: Ihre Ausgaben für Kleidung, für Wohnkomfort, aber auch für die Ausbildung der Kinder waren deutlich geringer als die von Beamten. Dagegen setzten sie, wie die Arbeiter, einen nicht unbeträchtlichen Teil ihres Einkommens für soziale Aktivitäten und Vergnügungen ein: für Essen in Gaststätten, für Kino- und Konzertbesuche, aber auch für Rundfunk und andere neue Formen der Massenkultur. Diesen Konsum konnten sich viele Angestellte aber nur leisten, wenn sie ihre Familien klein hielten. Es ist auffällig, daß bei den Angestellten die Zahl der kinderlosen Familien oder der Familien mit nur einem Kind deutlich über dem Bevölkerungsdurchschnitt und auch über dem Durchschnitt der Beamtenfamilien lag.

Bereits im 19. Jahrhundert war das Einkommensspektrum der Angestellten ähnlich breit gefächert wie heute. Es reichte von Spitzenverdiensten angestellter Bank- oder Fabrikdirektoren bis zu den Gehältern der kleinen Buchhalter oder Boten, die am Ende des 19. Jahrhunderts von denen der Facharbeiter bereits übertroffen wurden. Ein angestellter Direktionsvorsitzender eines Saarbrücker Bergwerks verdiente im Jahr 1873 2200 Taler, die bestbezahlten Buchhalter und Sekretäre etwas über 1000 Taler, die Boten etwa 300 Taler. Die Personen an der Spitze der Lohnhierarchie verdienten sieben- bis achtmal so viel wie die am unteren Ende. Dies ist ein Verhältnis, das sich bis heute nicht grundlegend gewandelt hat. Das durchschnittliche Nettohaushaltseinkommen in der Bundesrepublik lag 1988 bei 4024 DM. Dieses Einkommen wurde von einem Großteil der Arbeiter und kleinen Angestellten nicht erreicht. Mehr als die Hälfte der Haushalte hatte ein Einkommen zur Verfügung, das sich zwischen 2000 und 4000 DM bewegte. Monatliche Einkommen zwischen 10000 DM und 20000 DM sind dagegen für die höheren Angestellten des Managements in Handel und Industrie heute durchaus die Regel. Sie erreichen oder übertreffen

Spar- und Konsumverhalten der Angestellten

breites Einkommensspektrum

vielfach die Einkommen kleiner oder mittlerer selbständiger Unternehmer oder auch von Ärzten und Rechtsanwälten.

Diese gravierenden Unterschiede im Haushaltseinkommen führten zu einer krassen Ungleichheit bei der Vermögensbildung. Die Vermögenskonzentration in der Oberschicht, aber auch unter den hohen Beamten und Angestellten, war im 19. Jahrhundert beachtlich. Als Folge davon nahm der Abstand zwischen bürgerlicher und unterbürgerlicher Lebensführung ständig zu. Über die Hälfte der Personen, die zwischen 1851 und 1873 in Berlin ein Unternehmen führten, hatten dieses bereits von ihren Eltern geerbt. Der Bremer Kaufmann Kuhlenkampf brauchte für sich und seine junge Familie zu Beginn des 19. Jahrhunderts etwa 600 Taler im Jahr, hatte aber 6mal höhere Einkünfte und war so in der Lage, sein Kapital innerhalb von vier Jahren um das 23 fache zu vermehren.

In der Bundesrepublik verfügten 1983 2,4% der Haushalte über annähernd 20% des Gesamtvermögens. Eine Untersuchung aus dem Jahr 1973 zeigte, daß die reichsten 20% der Bevölkerung fast 80% des Nettogesamtvermögens in der Republik besaßen, nämlich 88% des Produktivvermögens, 82% der Wertpapiere, 80% des Haus- und Grundbesitzes, 41% der Sparguthaben usw. Die ärmsten 20% der Bevölkerung waren weitgehend vermögenslos. Sie besaßen nur 0,8% des Nettogesamtvermögens, das zweitärmste Fünftel der Bevölkerung lediglich 2%. Die Familien sind – das wird daraus deutlich – weiterhin zentrale Institutionen für den Erwerb und die Weitergabe von wirtschaftlicher und damit auch von politischer Macht.

Vermögenskonzentration in der Oberschicht

Vermögensschere in der Bundesrepublik

4. Haushaltsgrößen und Wohnverhältnisse

4.1 Wohnformen im städtischen Bürgertum

Bürgerliche Haushaltsgrößen und Wohnverhältnisse waren im 19. Jahrhundert durch vier Charakteristika geprägt: durch rückläufige Kinderzahlen, durch eine deutliche Trennung von Kernfamilie und Gesinde, d.h. eine Privatisierung der Kernfamilie, durch den Rückgang der wirtschaftlichen Eigenversorgung und der dazu notwendigen Einrichtungen und schließlich durch eine Differenzierung der Funktionen der einzelnen Wohnbereiche.

Demographische Studien konnten nachweisen, daß Geburtenbeschränkung und Familienplanung im Bürgertum schon des 17. und 18. Jahrhunderts nicht unbekannt waren. Dennoch lag der Durchschnitt

Geburtenbeschränkung

der Geburten auch im Bildungsbürgertum bis zur Mitte des 19. Jahrhunderts bei fast 6 Kindern pro Ehe relativ hoch. In der niedersächsischen Bildungsschicht reduzierte sich das bis zum Beginn des Jahrhunderts auf 2,1 Kinder in den zwischen 1900 und 1914 geschlossenen Ehen. In der Bundesrepublik kommen heute – schichtunspezifisch – auf eine verheiratete Frau im Durchschnitt noch 1,6 Kinder.

Das häusliche Personal des Bürgertums war im Gegensatz zu dem Gesinde des alten Modells des „ganzen Hauses" nicht mehr in die Familie der Dienstherren integriert. War es in der bäuerlichen Familie oder auch im Handwerk üblich, daß Familie und Gesinde an einem Tisch oder wenigstens in einem Raum aßen, daß der Feierabend zum Teil gemeinsam verbracht wurde und Kinder und Gesinde oft gemeinsam in einem Raum schliefen, so zog sich die bürgerliche Familie schrittweise in eine Sphäre der Privatheit zurück, in die den Dienstboten der Zutritt nur auf Verlangen gestattet war. Symbol dieser Trennung waren die Klingelzüge, die alle Zimmer der bürgerlichen Familien mit dem Dienstbotenzentrum im Souterrain des Hauses verbanden. *Ausgrenzung des Gesindes aus der Familie*

Mit dem Rückzug der bürgerlichen Familie in die Privatsphäre war zugleich eine Verstärkung des Intimbereichs der einzelnen Personen verbunden. Das führte zu einer Differenzierung der Raumnutzung. Neben die repräsentativen Wohnräume traten nun andere Funktionsräume: Arbeitszimmer, Schlafzimmer und vor allem Kinderzimmer. *differenzierte Raumnutzung*

44% der Berliner Dienstmädchen hatten um 1900 allerdings keinen eigenen Raum. Sie schliefen auf sogenannten Hängeböden (eingezogenen Zwischendecken), im Bad, auf dem Korridor oder in einer Abstellkammer des herrschaftlichen Haushalts. Verglichen mit dem Raumangebot der bürgerlichen Familie war dies entwürdigend, verglichen mit einer „Schlafstelle" bei einer Arbeiterfamilie gar nicht so schlecht.

Allerdings war auch innerhalb der Familie das Raumangebot sehr ungleich verteilt. In den kleineren Häusern oder Etagenwohnungen des mittleren Bürgertums standen den großen repräsentativen Wohnräumen meist nur kleine Schlafkammern für die Kinder gegenüber. Dieses Muster der großen Wohn- und kleinen Kinderzimmer hat sich bis in den Wohnungsbau der Bundesrepublik fortgesetzt, auch wenn die Wohnfläche pro Person insgesamt zwischen 1950 und 1989 in der Bundesrepublik von 15 auf 35 qm und in der DDR auf 28 qm zugenommen hat.

Die Ausdifferenzierung der Raumfunktionen wurde ergänzt durch die „Verhäuslichung" der Körperhygiene. Aborte, ursprünglich (wenn überhaupt vorhanden) außerhalb des Hauses gelegen, bekamen nun einen eigenen Raum innerhalb der Wohnung. Auch Badezimmer waren *Verhäuslichung der Körperhygiene* eine neue Einrichtung. Sie lösten das alte hölzerne Waschfaß und die Waschschüssel auf der Kommode ab, setzten sich allerdings langsamer durch als die WC. 1950 waren noch 80% der Wohnungen in der Bundesrepublik ohne eigenes Bad, 1989 nur noch 4% (DDR 18%). Wohnungen ohne Innen-WC sind praktisch verschwunden.

4.2 Haushaltsgrößen und Wohnverhältnisse der Arbeiter

Von der sozialkonservativen Kritik des 19. Jahrhunderts wurden verschiedene „Mißstände" der Arbeiterfamilie kritisiert: Die laxe Sexualmoral und mangelnde Aufsicht der Eltern führe zu frühen Heiraten; die alten „Großfamilien" brächen auseinander und die Verwandtschaft verlöre an Bedeutung zugunsten der individuellen Partnerbeziehung. Die demographische Forschung der letzten Jahrzehnte hat jedoch gezeigt, daß der Großteil der Arbeiter erst um das 30. Lebensjahr herum heiratete, viele sogar erst zwischen 30 und 40. Noch später als die Arbeiter heirateten die Angestellten, für die der soziale Aufstieg meist nur durch eine Zurückhaltung der Ehewünsche zu realisieren war.

falsche bürgerliche Kritik an der Arbeiterfamilie

Späte Heirat bedeutete nicht, daß die Arbeiterfamilien besonders klein waren. Vor allem in der Textilindustrie findet man sowohl erweiterte Haushalte als auch außerordentlich hohe Kinderzahlen. Das Zusammenwohnen von drei Generationen oder von Familien mit horizontal erweiterter Verwandtschaft, also mit bei ihnen wohnenden ledigen Brüdern und Schwestern und teilweise auch deren unehelichen Kindern, war oft ökonomisch sinnvoll. So konnte eine Person auf die Kinder aufpassen und den Haushalt führen, um den anderen Mitgliedern außerhäusliche Erwerbsarbeit zu ermöglichen. In Arbeiterbauernfamilien übernahmen die Frauen und Kinder oft den Großteil der landwirtschaftlichen Arbeit. Das war besonders bei den Bergarbeitern der Fall, wo Frauenarbeit nicht möglich war, während in der Textilindustrie der Anteil mitarbeitender Frauen – oft auch noch als hausindustrielle Zuarbeit – mit meist etwa 50% sehr hoch lag. Auch Kinderarbeit war im Textilgewerbe selbst in den Fabriken noch lange ein wichtiger Faktor. Die Arbeiterfamilien in dieser Branche hatten daher meist viele Kinder. Außerhalb von Textilindustrie und Bergbau läßt sich der Trend zu großen und komplexen Familien nicht mit dieser Deutlichkeit feststellen. Allerdings überdauerte generatives Verhalten manchmal den direkten ökonomischen Zusammenhang. In der Maschinenfabrik Esslingen hatten um die Mitte des 19. Jahrhunderts die Arbeiterpaare, die aus Bauern- oder Textilarbeiterfamilien kamen, deutlich mehr Kinder, als diejenigen, die aus Metallarbeiterfamilien stammten.

hohe Kinderzahlen und komplexe Familienformen

Kinderarbeit und Familiengröße

In der zweiten, vor allem von der Maschinenindustrie und der Elektrotechnik bestimmten Phase der Industrialisierung setzten sich in europäischen Städten allgemein andere Strukturen durch. Die neuen Industriezweige benötigten eine qualifizierte Facharbeiterschaft. Diese konnte höhere Löhne fordern. Die Verehelichungsquote stieg innerhalb dieser Arbeitergruppe stark an, die Zahl der unehelichen Kinder ging deutlich zurück. Gleichzeitig sank allerdings die durchschnittliche Haushaltsgröße z. B. der Wiener Arbeiterhaushalte von fast 5 auf 3 Personen. Grund dafür war zum Teil die Tatsache, daß immer mehr ledige Arbeiter einen eigenen Haushalt gründeten, zum anderen aber auch, daß seit dem ausgehenden 19. Jahrhundert die Zahl der Kinder pro Familie deutlich zurückging – eine Folge der einsetzenden Geburtenkontrolle.

Rückgang der Haushaltsgrößen

Diese Tendenz setzte sich auch im 20. Jahrhundert fort. Die Anzahl der Haushalte mit 3 Personen stieg zwischen 1910 und 1925 um 50% an, die allgemeine Fruchtbarkeitsziffer fiel von 158 Kindern auf 1000 Frauen im Alter von 15 bis 45 Jahren im Jahr 1910 auf 59 Kinder im Jahr 1932. Dieser starke Rückgang der ehelichen Fruchtbarkeit wurde im wesentlichen von den städtischen Arbeiterfamilien getragen, die sehr häufig nur noch ein oder zwei Kinder hatten, während ländliche Arbeiterfamilien in der Regel noch eine größere Kinderzahl bevorzugten.

Die rasante Verstädterung der Bevölkerung, die hauptsächlich durch eine Zunahme der industriellen Arbeiterschaft zustandekam, führte im 19. Jahrhundert in vielen Großstädten zu einer akuten Wohnungsnot. Der Wohnungsbau erlebte in der Zeit des Kaiserreichs zwar einen ungeheuren Aufschwung, dennoch konnte dieser „Bauboom" den Bedarf keineswegs decken. Die Wohndichte nahm ständig zu, in den Arbeiterquartieren herrschten zum Teil katastrophale hygienische Bedingungen. Von der Berliner Bevölkerung von gut einer halben Million Menschen lebten 1861 10% in Kellerwohnungen, 20% lebten zu 5 und mehr Personen in Wohnungen mit nur einem heizbaren Zimmer. Noch um 1900 konnten in Berlin in einer Wohnung mit zwei Zimmern bis zu 8 Personen wohnen, ohne daß diese als überbelegt eingestuft wurde. Diese Überbelegung war in den kleinsten Wohnungen am stärksten, betraf also vor allem die ungelernten Arbeiter. Nimmt man den zeitgenössischen Überfüllungsstandard von 6 und mehr Personen pro Zimmer, dann waren 1875 in Berlin fast 20% und 1900 noch 12% der Einzimmerwohnungen überbelegt.

Wohnungsnot in den Industriestädten

Allerdings muß man sehen, daß bei dieser Wohnungsnot der Arbeiter große regionale Unterschiede herrschten. Die sogenannte Behausungsziffer, also die Zahl der Einwohner pro Gebäude, ist zwar kein

regionale Unterschiede

verläßlicher Standard für die Wohnungsnot, aber sie gibt einen ersten Anhaltspunkt vor allem für die Unterschiede zwischen einzelnen Städten. In Bremen kamen im Jahr 1905 7,96 Personen auf ein Gebäude, in Frankfurt a. M. am Main 18,75, in Leipzig 27,64 und in Berlin 77,54. Diese ungleiche Entwicklung war zum Teil Folge des übermäßig raschen Wachstums der großen industriellen Zentren wie Berlin, zum Teil ist sie auf eine aktive Wohnungsbaupolitik gerade der frühindustriellen Kommunen wie Elberfeld zurückzuführen.

Mietskasernen · Die hohen Behausungsziffern waren jedoch auch Ausdruck neuer Wohnformen, mit denen man der Wohnungsnot Herr zu werden suchte: der Mietskasernen, die in den großen Städten vor allem von privaten Investoren in zunehmendem Maße erbaut wurden. Der Großteil der Kommunen war auf dem Gebiet des Arbeiterwohnungsbaus allerdings lange Zeit untätig geblieben. So kam es zu akuter Wohnungsnot und einer hohen Wohndichte in den Arbeiterquartieren, vor allem in Zeiten der Hochkonjunktur, wenn viele Arbeiter zusätzlich und temporär vom Land in die Stadt kamen. Zugleich hatten diese Wohnverhältnisse eine außerordentlich große Fluktuation auf dem Wohnungsmarkt zur Folge. In den meisten deutschen Großstädten betrug um die Jahrhundertwende die Mietdauer bei einem Drittel aller Wohnungen nur ein Jahr.

Schlafgänger · Eine typische (allerdings meist familienzyklisch auf die Phase der Kinderaufzucht beschränkte) Einrichtung der Arbeiterfamilie war die Untervermietung von Schlafstätten an sogenannte Schlafgänger, Personen, die sich gegen ein Entgelt das Recht zur Übernachtung in einer Wohnung oder in einem Zimmer sicherten. Man spricht in diesem Zusammenhang auch von „halboffenen" Familien. Im Jahr 1880 hatten gut 22% der Berliner Haushaltungen Schlafgänger oder Untermieter aufgenommen. Über 7% aller männlichen Personen lebten in Berlin zu diesem Zeitpunkt so, im Ruhrgebiet waren über 20% der Bergleute auf eine solche Unterkunft angewiesen. Einen Schlafplatz zu mieten bedeutete nicht, daß man dann auch ein eigenes Bett hatte. Besonders im Ruhrgebiet wurden analog dem Schichtbetrieb der Zechen viele Betten dreifach vermietet. Eine Untersuchung zu einem Breslauer Arbeiterquartier zeigte, daß dort 1895 1,83 Personen auf ein Bett kamen.

Genauso schlimm wie für die Schlafgänger war diese Situation für die Familien, die ihnen Unterkunft gewährten, denn sie hatten praktisch keinen Raum, um sich zurückzuziehen. Das gesamte Leben spielte sich in der Halböffentlichkeit ab. Alle Räume wurden multifunktional als Koch-, Eß-, Wohn- und Schlafraum genutzt. „Familie und Fremde wohnten hautnah mit- und durcheinander, es gab keine individuelle und keine funktionale Sonderung, Kochtopf und Nachttopf,

Sexualität und Kinderaufzucht in einem Raum, keine Distanz, wenig Dauer auch" [43: NIPPERDEY, Deutsche Geschichte, 144].

Obwohl diese Wohnverhältnisse bei den Arbeitern keineswegs zu sexueller Libertinage, sondern eher zu Prüderie führten, waren sie für die bürgerlichen Stadt- und Industrialisierungskritiker der Hort allen Übels und der Sittenverderbnis. Dem muß man entgegenhalten, daß auch die ländlichen Unterschichten vielfach in keiner besseren Wohnsituation lebten. Einen Schlafplatz mit nicht verwandten Personen zu teilen, war besonders für Jugendliche bis ins 20. Jahrhundert hinein und auch für die Armen auf den Dörfern ganz normal. Der Übergang vom Land in die Stadt brachte in dieser Beziehung oftmals keine gravierenden Veränderungen. Von vielen wurde das Wohnen als Schlafgänger oder in Untermiete auch als eine Durchgangsphase im eigenen Lebenslauf begriffen, die aus der hausrechtlichen Einbindung in einem Meisterhaushalt als Lehrling oder Geselle zu etwas mehr Selbständigkeit führte. Die freie Wahl der Schlafstelle gehörte 1848 zu den Forderungen der Gesellen, die in der Auflösung der Strukturen des „ganzen Hauses" einen Emanzipationsprozeß sahen.

ähnliche Wohnformen bei ländlichen Unterschichten

Der Drang zur Privatisierung des Familienlebens war auch in der Arbeiterschaft des ausgehenden Kaiserreiches nicht zu übersehen. Die Zahl der Schlaf- oder Kostgänger ging in allen Städten um die Jahrhundertwende deutlich zurück. Es begann die große Phase des kommerziellen, aber auch des sozialen Wohnungsbaus sowie der Siedlungsgenossenschaften. Für die großen Mietskasernen wurden über baurechtliche Bestimmungen zudem auch sanitäre und hygienische Mindestausstattungen festgelegt. Ein wirklich entscheidender Durchbruch bei der Wohnqualität zumindest der städtischen Arbeiterschaft gelang jedoch erst nach dem Zweiten Weltkrieg. 58% der Arbeiterfamilien wohnten 1968 in der Bundesrepublik in Wohnungen mit vier und mehr Räumen, die nun auch in ihrer technischen Ausstattung und ihrem Komfort bürgerlichen Wohnungen angeglichen waren.

kommerzieller und sozialer Wohnungsbau

4.3 Bäuerliche Haushaltsstrukturen und Wohnverhältnisse

Wie bei den Arbeitern, so wiesen auch bei den Bauern die Haushaltsstrukturen und Wohnverhältnisse große schicht- und regionalspezifische Unterschiede auf. Dennoch lassen sich hier einige übergeordnete Entwicklungslinien aufzeigen. Die Vorstellung vom „ganzen Haus" behielt auf dem Land selbst in den kleinbäuerlichen Schichten bis in dieses Jahrhundert hinein eine gewisse Geltung als normatives Leitbild, und die realen Strukturen der Haushalte entsprachen hier am längsten diesen Vorstellungen. Haushalte, die durch Großeltern, Verwandte oder Gesinde erweitert waren, fanden sich bei den Bauern bis ins 20. Jahrhundert hinein in einem weit über dem Reichsdurchschnitt liegenden Maß.

bäuerliche Dreigene-rationenfamilien

Die Verteilung dieser bäuerlichen Dreigenerationenfamilien variierte in der Häufigkeit ihres Auftretens regional nach den jeweiligen Erbsitten. In sogenannten Realteilungsgebieten, in denen alle Kinder gleiche Anteile erbten, waren sie weniger häufig als in Anerbengebieten, in denen der Hof ungeteilt an ein Kind weitergegeben wurde. Insgesamt waren diese Dreigenerationenfamilien keineswegs eine uralte Erscheinung bäuerlicher Gesellschaften, wie das die konservative Volkskunde des 19. Jahrhunderts annahm, und sie waren auch keine sogenannten Stammfamilien, in denen die Autorität beim Senior der Familie lag. Vielmehr war dies eine Haushaltsform, die seit dem 18. Jahrhundert aufgrund der steigenden Lebenserwartung in Europa deutlich zunahm und die in den meisten Gesellschaften Mitteleuropas dadurch geprägt war, daß die Leitung des Haushalts an die mittlere Generation überging, während sich die Eltern bzw. Großeltern auf das Altenteil zurückzogen.

Die sukzessive oder vollständige Übergabe des Hofes an die nächste Generation war meist mit der Heirat der Kinder verbunden. Aufgrund des sinkenden Heiratsalters und der steigenden Lebenserwartung, aber auch wegen der zunehmenden Schwierigkeiten, Gesinde zu finden und zu bezahlen, nahm die ökonomische Bedeutung der bäuerlichen Dreigenerationenfamilien noch im 20. Jahrhundert zu. Eine Umfrage in der Bundesrepublik aus den frühen 1960er Jahren ergab, daß über 50% der bäuerlichen Familien in Drei- oder Viergenerationenhaushalten lebten, während der Bundesdurchschnitt damals bei 7% lag. Dies heißt, daß in einer großen Mehrzahl der bäuerlichen Familien das Zusammenleben mit Eltern bzw. Großeltern bis heute ein fester Bestandteil des Familienzyklus ist.

Erweiterung durch Gesinde

Noch in der Zeit nach dem Ersten Weltkrieg waren bäuerliche Familienhaushalte während bestimmter Phasen des Familienzyklus durch Gesinde erweitert. Vor allem nach der Geburt der ersten Kinder, wenn die Frau nicht als volle Arbeitskraft zur Verfügung stand und die Kinder zum Mitarbeiten noch zu klein waren, mußten von kleineren und mittleren Betrieben außerfamiliale Arbeitskräfte herangezogen werden. Je nach Dauer des Arbeitskräftebedarfs geschah dies entweder durch das zeitweilige Anheuern von Tagelöhnern oder durch die längerfristige Einstellung von Gesinde. Waren die Kinder so weit herangewachsen, daß sie selbst Arbeiten übernehmen konnten, wurde die Anzahl des Gesindes wieder verringert.

Das bäuerliche Gesinde war nach der Theorie des „ganzen Hauses" in den bäuerlichen Haushalt integriert. Zwar war es für die ländlichen Familienverhältnisse durchweg kennzeichnend, daß das Gesinde im Haus des Bauern wohnte. Bei der sozialen Integration gab es jedoch vielfältige Differenzierungen. Das Gesinde der größeren Höfe setzte sich zum Teil aus ganz unterschiedlichen Personengruppen zusammen: Es konnten ledige, also nicht-erbende Geschwister des Bauernpaares sein, es konnte sich um Knechte oder Mägde von auswärts handeln oder um Kinder verwandter oder befreundeter Familien aus dem Dorf. Der Anschluß an die eigentliche Kernfamilie des Hofbesitzers war je nachdem unterschiedlich eng. Während bei kleineren Höfen ein Zusammenleben von Kernfamilie und Gesinde bis ins frühe 20. Jahrhundert die Regel war, vollzog sich bei den größeren Betrieben eine Absonderung der Lebensbereiche von Familie und Gesinde. Sie zeigte sich deutlich an der zunehmenden Differenzierung der Raumeinteilung der Bauernhäuser, aber auch am Wandel der Eßgewohnheiten. In diesen wohlhabenderen Haushalten aßen Familie und Gesinde an unterschiedlichen Tischen, oft auch in unterschiedlichen Räumen. Bauernkinder und Gesinde schliefen immer weniger zusammen in den gleichen Kammern oder Betten. Vor allem in den größeren Bauernhäusern Norddeutschlands bildete sich eine geradezu bürgerliche Wohnkultur mit repräsentativen Wohnzimmern, Kinder- und Gästezimmern und einer entsprechenden Einrichtung heraus. Die Geschwindigkeit der Privatisierung der bäuerlichen Familie war regional allerdings außerordentlich unterschiedlich. In Norddeutschland setzte dieser Prozeß bereits im 18. Jahrhundert ein, im Alpengebiet zum Teil erst im 20. Jahrhundert.

Probleme der Integration des Gesindes

5. Die Ehepartner

5.1 Der Wandel des Ehe- und Familienrechts

Die rechtliche Grundlage der europäischen Familie ist die Ehe. Seit dem 12. Jahrhundert ist sie nach katholischem Verständnis ein Sakrament. Die Folge davon war, daß die Ehe kein Teil der bürgerlichen Rechtsordnung mehr war, sondern ein Gegenstand des Kirchenrechts. Luther und die Reformatoren wandten sich zwar gegen das sakramentale Eheverständnis der katholischen Kirche mit dem Argument, die Ehe sei ein „eußerlich weltlich ding". Trotz dieser Auffassung der Reformatoren blieb in protestantischen wie in katholischen Territorien das Monopol auf Eheschließung und auf Schlichtung von Ehestreitigkeiten

Ehe als traditionelle Grundlage der Familie

bis ins 19. Jahrhundert in den Händen der Kirchen. Auch der Ehezweck wurde weiterhin im wesentlichen religiös definiert. Die Ehe als „Spital der Schwachen" (Luther) diente der Bändigung der sündigen Sexualität, der Erzeugung und vor allem der christlichen Erziehung von Kindern.

Das änderte sich erst im ausgehenden 18. Jahrhundert, zuerst in Frankreich, dann auch in Preußen. Im preußischen Allgemeinen Land-

Allgemeines Landrecht

recht von 1794 war die Ehe nur noch ein privatrechtlicher Vertrag, der durch die freie Einwilligung beider Teile zustande kam. Die Ziele der Ehe wurden rein weltlich definiert: „Die Ehe ist ein Kontrakt, durch welchen zwei Personen verschiedenen Geschlechts sich verbinden, vereinigt zu leben, Kinder miteinander zu erzeugen und zu erziehen und sich in ihren Bedürfnissen gegenseitig Hilfe und Unterstützung zu leisten" [25: SVAREZ, Vorträge 316].

Dieses liberale, auch der Frau einen weiteren Spielraum einräumende Eherecht wurde von den Juristen des 19. Jahrhunderts abgelehnt. Die Anhänger der „historischen Rechtsschule" sahen im Recht einen Ausdruck des „Volksgeistes" und nicht eine rationale Konstruktion von Beamten. Die Wende kündigte sich bereits bei am Naturrecht

J.G. Fichte

orientierten Philosophen wie Johann Gottlieb Fichte an. Für Fichte war die Ehe keine „bloß juridische", sondern eine „natürliche und moralische Gesellschaft" und als solche dem Staat vorgeschaltet. Die Frau war nach Fichte dem Mann zwar als „moralisches Wesen" gleichgestellt, konnte diese Gleichheit aber nur erreichen, indem sie sich ihrem Mann ganz hingab. Diese Hingabe war nicht nur im Sinne einer geistigen Liebe gemeint, sondern hatte konkrete sexuelle und vor allem materielle Bedeutung. Die Würde der Frau bestand nach Fichte darin, daß

Frau als Mitel der Befriedigung des Mannes

sie sich „zum Mittel der Befriedigung des Mannes mache" [9: FICHTE, Grundlage, 300 ff.].

Wie nachhaltig die Wirkung dieser Eheauffassung und der dahinter stehenden Ideologie vom Charakter der Geschlechter war, läßt sich daran zeigen, daß noch 1966 eine Frau vom Bundesgerichtshof dazu verurteilt wurde, ihre eheliche Pflicht, auch wenn sie ihr zuwider sei, in „ehelicher Zuneigung und Opferbereitschaft" zu gewähren und nicht nur „teilnahmlos geschehen" zu lassen [BGH-Urteil von 1966, zit. nach 260: GERHARD, Verhältnisse 148].

Diese Vorstellung einer „natürlichen" Ordnung von Ehe und Familie beinhaltete auch eine deutliche rechtliche Minderstellung der

rechtliche Minderstellung der Frau

Frau im öffentlichen wie im privaten Leben. Erst mit der Gesetzgebung der Weimarer Republik wurde in Deutschland die volle Rechtsfähigkeit und politische Mündigkeit der Frau anerkannt. Ihre gesetzliche Bindung an den Haushalt jedoch blieb bis in die Familiengesetzgebung der Bundesrepublik hinein erhalten. Das Bürgerliche Gesetzbuch von 1900 bestimmte noch kategorisch, daß die Frau den Haushalt für den Mann zu führen habe. Erwerbsarbeit war damit Sache des Mannes, während verheiratete Frauen sich auf die Familie konzentrieren sollten. Mußten oder wollten sie dennoch arbeiten, so blieb die Führung des Haushaltes weiterhin ihre Aufgabe. Frauen, die durch eigene Erwerbsarbeit mit zum Familieneinkommen beitrugen, hatten daher immer eine doppelte Last zu tragen. Noch im Familienanpassungsgesetz von 1957 wurde die Haushaltstätigkeit der Frau als Normalzustand definiert. Erwerbstätigkeit war ihr nur gestattet, „soweit dies mit ihren Pflichten in Ehe und Familie vereinbar ist". Erst in der Änderung von 1977 wurde auch in diesem Paragraphen den Gleichberechtigungsforderungen des Artikels 3 des Grundgesetzes nachgegeben und festgelegt, daß die Ehegatten die Haushaltsführung „im gegenseitigen Einvernehmen" regeln.

5.2 Soziale und rechtliche Ehehindernisse im 19. Jahrhundert

Eheschließung und freie Partnerwahl waren bis ins letzte Drittel des 19. Jahrhunderts aufgrund der restriktiven Ehegesetzgebung in den meisten Ländern stark eingeschränkt. Eltern und Gemeinden hatten gesetzlich verankerte Einspruchsrechte. Die Erlaubnis zur Heirat wurde an den Nachweis eines „ausreichenden Nahrungsstandes" gebunden, die Definition des Wortes „ausreichend" jedoch meist den örtlichen Gemeinden überlassen. Diese versuchten vor allem in der Zeit des Pauperismus, durch eine restriktive Heiratspolitik gegenüber den Unterschichten die Zahl der potentiellen Fürsorgeempfänger möglichst klein zu halten. Arme erhielten daher oft keine Heiratserlaubnis. — *Ehebeschränkungen*

Nach 1860 setzte eine allmähliche Liberalisierung der politischen Ehebeschränkungen ein. Mit Ausnahme Bayerns, wo sie bis zum Ersten Weltkrieg in Kraft blieben, fielen die sozialen und politischen Heiratsschranken in den süd- und westdeutschen Staaten mit der Gründung des Deutschen Reiches bzw. einer Vereinheitlichung der eherechtlichen Bestimmungen in einem allgemeinen Gesetz von 1875. Die Ehemündigkeit wurde darin auf 20 Jahre für Männer und 16 für Frauen festgesetzt. In Preußen hatte bereits das Allgemeine Landrecht von 1794 alle Ehebeschränkungen – mit Ausnahme des Verbots der standesübergreifenden Heiraten, das bis 1869 in Kraft blieb – abgeschafft. — *Liberalisierung der Ehegesetzgebung*

Die Ehebeschränkungen hatten zur Folge, daß ein beträchtlicher Teil der Bevölkerung im 19. Jahrhundert keine Möglichkeit zur Eheschließung hatte oder erst sehr spät heiraten konnte. In vielen Gemein-

hohe Ledigenquote den lag der Prozentsatz derjenigen, die aus sozialen Gründen ledig bleiben mußten, in der ersten Hälfte des 19. Jahrhunderts bei 20–30% eines Geburtsjahrgangs. Das nur langsame Absinken dieses Wertes deutet darauf hin, daß hier der soziale und innerfamiliäre Druck bei der Partnerwahl weiterhin erheblich blieb.

Eheschließungs-hindernisse im Bürgertum Auch im Bürgertum entschied die Partnerwahl der Kinder über die soziale Plazierung der Familie in der Zukunft. Schichtendogamie war und ist daher auch in bildungs- und großbürgerlichen Familien die Regel. An bürgerliche Männer wurde ebenfalls der Anspruch gestellt, daß sie erst heirateten, wenn sie ihre Familien standesgemäß ernähren konnten – entweder durch vorhandenes Kapital oder aber durch eine entsprechende Stellung. Männer, die nicht über den entsprechenden finanziellen Hintergrund verfügten, mußten daher warten, bis sie in eine angemessene berufliche Position gekommen waren. Dadurch war auch im Bürgertum, vor allem im Bildungsbürgertum, das durchschnittliche Heiratsalter der Männer außerordentlich hoch und der Altersabstand zwischen Männern und Frauen groß. Eine Altersdifferenz von 10 Jahren war die Regel.

Zunehmende Heiratszahlen seit der Jahrhundert-wende Seit dem ausgehenden 19. Jahrhundert stieg der Anteil derjenigen eines Geburtsjahrgangs, die sich verheiraten konnten, ganz allgemein kontinuierlich an. Zu Beginn der 1960er Jahre hatten praktisch alle die Möglichkeit zur Heirat und fast alle nahmen sie auch wahr. Von den Geburtsjahrgängen 1936–1940 schlossen in der Bundesrepublik 95% der Frauen und 90% der Männer eine Ehe. Seit der Mitte der 1960er Jahre ist die Tendenz jedoch wieder deutlich rückläufig. Kamen 1970 noch 189 männliche Eheschließende auf 1000 Ledige im Alter von 24–25 Jahren, so waren dies 1983 nur noch 80. In der DDR wurde in der gleichen Zeit ein ähnlicher, wenn auch nicht ganz so gravierender Rückgang der Heiratszahlen verzeichnet. Dieser Wandel hängt jedoch nicht mehr mit den sozioökonomischen Mechanismen des alten „European Marriage Pattern" [s.u. Kap. II. 2.3] zusammen, sondern weist auf einen tiefergehenden Wandel in der Einstellung zur Ehe hin.

5.3 Voreheliche und eheliche Liebe und Sexualität

Kriterien der Partnerwahl Die rechtlichen und sozialen Einschränkungen freier Partnerwahl bedeuteten nicht, daß die Beziehungen zwischen Mann und Frau ausschließlich durch materielle Kriterien bestimmt und emotionale Verbindungen zwischen ihnen bedeutungslos gewesen wären. Materielle Interessen und emotionale Bindungen lassen sich nicht ohne weiteres gegeneinander ausspielen. Wie in bürgerlichen Schichten das „symbolische Kapital" der Bildung oder der guten Umgangsformen eine Person attraktiv machen konnte, so stellten auch in bäuerlichen Gesellschaften die Körperkraft des Mannes, aber auch der Frau, oder der Besitz eines guten Ackers nicht nur materielle Werte dar. Während heute Erotik und Sexualität die zentralen Angelpunkte für den Aufbau emotionaler Beziehungen und auch für die Stabilisierung von Partnerschaften sind, ist deren Bedeutung für die Partnerwahl und Ehe für das 19. Jahrhundert für alle gesellschaftlichen Schichten umstritten.

Zwischen 1750 und 1850 trat in ganz Europa eine deutliche Zunahme unehelicher Geburten auf. Sie machten in der Regel zwischen 10 und 20% aller Geburten aus. In manchen Regionen konnte ihr Anteil auf über 50% ansteigen. Von dem amerikanischen Historiker Edward Shorter wurde dieser säkulare Anstieg der Unehelichkeitsquoten als „sexuelle Revolution" interpretiert. Besonders die ländlichen Unterschichten hätten ihre Rücksicht auf familiäre Besitzstrategien über Bord geworfen und die Erfüllung ihrer individuellen Wünsche und die Durchsetzung einer nicht an materiellen Kriterien orientierten Partnerwahl auf diesem Weg erzwungen.

„sexuelle Revolution"?

Diese These ist auf große Skepsis gestoßen [s.u. Kap. II.2.2]. Rechtliche und ökonomische Gründe scheinen diesen Vorgang plausibler zu erklären als rein mentalitätsgeschichtliche. Voreheliche Sexualität war im bäuerlichen Bereich ganz allgemein weitgehend akzeptiert. Sie war allerdings an Regeln gebunden und von der Familie oder auch der organisierten ledigen Dorfjugend selbst überwacht. Abweichend von der kirchlichen Moral galt in vielen Regionen das Eheversprechen bzw. die Verlobung als Legitimation für vorehelichen Geschlechtsverkehr. Manche Historiker interpretieren den vorehelichen Geschlechtsverkehr auch als ein Geben der Frau im Austausch für das Verlobungsgeschenk des Mannes. Sexualität in diesem Kontext scheint kein Zeichen affektiver, spontaner Liebe gewesen zu sein, sondern Teil eines Kontrakts.

In den Augen bürgerlicher Industrialisierungs- und Urbanisierungskritiker war die Arbeiterschaft der eigentliche Hort sexueller Freizügigkeit. Dies ist zwar eine verzerrte Sichtweise, da in den Städten nirgendwo die Spitzenwerte ländlicher Illegitimität erreicht wurden. Allerdings galt auch bei den Arbeitern voreheliche Sexualität als normal, sofern zuvor bestimmte persönliche Beziehungen aufgebaut worden waren. Dies bestimmte zumindest die weibliche Perspektive. Arbeiterinnen hatten zum Teil außerordentlich früh sexuellen Kontakt. In Braunschweig hatte um die Jahrhundertwende bereits eine ganze Reihe Frauen unter 20 Jahren uneheliche Kinder. Weit über die Hälfte aller

voreheliche Sexualität bei Arbeitern

unehelichen Geburten entfiel allerdings auf die Altersgruppe der 20- bis 24-jährigen Frauen. Ähnlich wie im bäuerlichen Bereich waren auch unter den Arbeitern sexuelle Beziehungen nicht ganz entritualisiert: Für ihre Geschenke erwarteten auch die jungen Arbeiter von den Frauen als Gegengabe die Aufnahme sexueller Beziehungen und forderten sie zum Teil gewaltsam ein.

Voreheliche und eheliche Sexualität standen in der Arbeiterschaft ganz besonders unter dem drohenden Schatten der materiellen Folgen einer Schwangerschaft. Verhütungsmittel waren bis weit in dieses Jahrhundert hinein unzuverlässig und teuer, die Kenntnisse über die physiologischen Vorgänge der Befruchtung auch in der Wissenschaft noch keineswegs sicher und in der Arbeiterschaft ohnehin nicht verbreitet. Da alle präventiven Mittel insgesamt unzuverlässig waren, spielte die Abtreibung als Maßnahme zur Geburtenkontrolle eine große Rolle. In Berlin betrug 1921 das Verhältnis von Geburten zu Fehlgeburten 60 zu 40.

voreheliche Sexuali-
tät im Bürgertum
Das problematischste Verhältnis zur Sexualität hatte im 19. und frühen 20. Jahrhundert das Bürgertum. Legitime Sexualität war hier ganz an die Ehe gebunden, uneheliche Kinder für Frauen daher eine Katastrophe. Ihre Aussichten auf eine standesgemäße Ehe wurden dadurch bis ins frühe 20. Jahrhundert hinein praktisch zerstört. Entsprechend scharf war in dieser Schicht die Aufsicht über die Mädchen und die Abwehr kindlicher und jugendlicher Sexualität.

Für Männer und Frauen galten allerdings im Bürgertum lange deutlich unterschiedliche Standards. Die männliche Jugend war zwar in den Feldzug der Ärzte und Pädagogen des ausgehenden 19. Jahrhunderts gegen die Masturbation einbezogen, ihre sexuellen Kontakte als Schüler oder Studenten hatten für sie jedoch keine bleibenden Folgen. Uneheliche Schwangerschaften wurden abgestritten oder finanziell entschädigt. Das Aufsuchen von Prostituierten wurde als notwendiges Ventil für die angeblich stärkere männliche Sexualität akzeptiert.

bürgerliches
Liebesideal
Neben den außerehelichen Kontakten bürgerlicher Männer stand auf der anderen Seite das auch von Männern getragene und literarisch verbreitete bürgerliche Liebesideal. Seit der Zeit der Romantik, vor allem seit Friedrich Schlegels 1799 erschienenem Roman „Lucinde", propagierte es eine sinnliche und geistige Zuneigung integrierende Liebesehe. Analysiert man autobiographisches Material bürgerlicher Familien, so ergibt sich, daß dies ebenfalls in hohem Maße der Realität bzw. der in diesen Dokumenten vorgenommenen Selbststilisierung entsprach. Die Liebesheirat spielte in diesen Dokumenten eine große

Rolle, und es gibt Anzeichen dafür, daß sich diese Form der Partnerwahl dann auch in intensiven ehelichen Partnerbeziehungen fortsetzte.

5.4 Die Ehescheidung

Die sprunghafte Zunahme der Scheidungszahlen ist eine der dramatischsten Veränderungen in der Entwicklung der Familie in der zweiten Hälfte des 20. Jahrhunderts. Die Scheidungsziffern sind aber, das läßt sich an der Geschichte der letzten 200 Jahre sehr deutlich zeigen, nicht nur Ausdruck der Stabilität oder Instabilität der Partnerbeziehungen, sondern auch beeinflußt von der jeweiligen Ausgestaltung des Scheidungsrechts.

An der Wende vom 18. zum 19. Jahrhundert hatte das Allgemeine Landrecht in Preußen die Ehescheidung erleichtert und praktisch bereits das Zerrüttungsprinzip eingeführt. Während des 19. Jahrhunderts wurden jedoch wieder zunehmend höhere Hürden für eine Trennung der Ehepartner aufgestellt. Sühneversuche durch den Ortsgeistlichen wurden in Preußen seit 1844 obligatorisch. Eine Ehe konnte erst dann geschieden werden, wenn der Pfarrer diesen Versuch für gescheitert erklärte. Durch eine Verlagerung der Kompetenzen von den Landesgerichten an die Oberlandesgerichte wurden die Gebühren für Scheidungsprozesse höher. Die Folge davon war, daß in Preußen die Zahl der Scheidungen nach 1844 trotz des anhaltenden Bevölkerungswachstums und der Zunahme der Eheschließungen absolut zurückging und die Zahl der abgelehnten Gesuche anstieg. 1840 wurden in Preußen noch fast 4000 Ehen getrennt, 1850 waren es noch knapp 3100 und 1869 noch etwas über 2700.

Die restriktive Scheidungspraxis des 19. Jahrhunderts hatte in Preußen, aber auch in anderen Ländern die Zunahme der informell getrennten Ehen zur Folge. Die informelle Trennung war auch im 19. Jahrhundert normalerweise die Vorstufe zur Ehescheidung. Sie mußte ebenfalls beantragt werden. Eine eigenmächtige Trennung der Partner war strafbar. In den großen Städten konnte man das aber kaum mehr überprüfen, so daß sich hier eine schleichende Praxis der selbständigen Ehescheidungen einbürgerte.

Einen Anspruch auf Unterhalt hatte die Frau erst nach vollzogener Scheidung und nur, wenn der Ehemann als schuldiger Teil befunden wurde. Erst dann legten die preußischen, aber auch die anderen Landesrechte fest, daß die Frau eine Abfindung oder eine Verpflegung bis an ihr Lebensende bekam. Diese orientierte sich jedoch nicht an den rea-

Erleichterung der Ehescheidung im ALR

restriktive Scheidungspraxis im 19. Jahrhundert

Unterhaltszahlungen

len Bedürfnissen der Frau, sondern an den finanziellen Umständen des Mannes.

Das bürgerliche Gesetzbuch von 1900 brachte die von der Gesellschaft gewünschte Angleichung des Ehe- und Scheidungsrechts an die realen Verhältnisse nicht. Das BGB war im Bereich des Scheidungsrechts sehr konservativ. Das Zerrüttungsprinzip wurde an den Nachweis von schwerwiegenden Verletzungen der ehelichen Pflichten gebunden oder an ehrloses und unsittliches Verhalten eines Partners (§ 1568 BGB). Eine allmähliche Entfremdung der Partner wurde als Zerrüttungsgrund nicht akzeptiert. Das Scheidungsrecht basierte weiterhin auf einer eindeutigen Schuldzuweisung, an die das Gesetzbuch auch die Regelung der Unterhaltszahlungen knüpfte. Eine schuldig geschiedene Frau hatte danach keinen Anspruch auf Versorgung, die schuldlos geschiedene nur soweit, als sie ihren Unterhalt nicht aus eigenem Vermögen oder aus selbständiger Arbeit bestreiten konnte. Wurde ein Mann zu Unterhaltszahlungen verpflichtet, dann durften diese seinen standesgemäßen Unterhalt nicht gefährden.

In der Weimarer Republik wurde zwar mehrfach und heftig im Reichstag über eine Reform des Scheidungsrechts diskutiert, aber aufgrund der schwierigen Mehrheiten und des Widerstands des katholischen Zentrums gegen eine Liberalisierung der Ehescheidung kam eine Reform nicht zustande. Dennoch stieg die Zahl der Ehescheidungen nach dem Krieg kontinuierlich an. In der Zeit von 1905 bis 1913 wurden in Preußen jährlich etwa 9000 Ehen geschieden. In den Jahren 1919 bis 1922 waren es bereits über 21 000 Scheidungen pro Jahr.

An den preußischen Zahlen läßt sich nachweisen, daß die Scheidungen vor allem ein städtisches Phänomen waren. Über 50% der geschiedenen Ehepaare wohnten in Großstädten mit mehr als 100 000 Einwohnern. Nur 20% kamen aus ländlichen Gemeinden. Die Hälfte der geschiedenen Männer war im Bereich Industrie und Handwerk beschäftigt, d.h. waren Arbeiter und Handwerker. Ehescheidungen waren zu Beginn des 20. Jahrhunderts also kein Privileg höherer Gesellschaftsschichten, sondern ein allgemeines Phänomen, das in den 20er Jahren quantitativ bereits dem Stand in der Bundesrepublik in den 1960er Jahren entsprach.

Einen Neuansatz im Eherecht und eine Anerkennung des Zerrüttungsprinzips als primären Grund zur Ehescheidung brachte das nationalsozialistische Recht. Neben allen rassistischen und eugenischen Elementen, die es bezüglich der Ehen mit Juden oder mit Geisteskranken umfaßte, hatte der Nationalsozialismus in der Eherechtsreform von 1938 auch Elemente aufgegriffen, die zu den Forderungen der linken

(Marginalien:)
konservatives Scheidungsrecht im BGB

Anstieg der Ehescheidungen in der Weimarer Republik

Ehescheidung im nationalsozialistischen Recht

Parteien der Weimarer Republik gehört hatten. Bei der Regelung der Versorgungsleistungen wurde das Schuldprinzip allerdings auch im Nationalsozialismus nicht ganz aufgegeben.

In der Bundesrepublik griff man zunächst wieder auf das BGB von 1900 zurück, übernahm aber als zusätzliches Element auch den Paragraphen aus dem nationalsozialistischen Eherecht, der die Scheidung nach einer Trennung von 3 Jahren ermöglichte. Erst die Eherechtsreform des Jahres 1977 beseitigte jedoch das alte Schuldprinzip des BGB vollständig. Der Zweck des Scheidungsrechts wird nicht mehr darin gesehen, ein Instrument zur Erhaltung der Ehe zu sein. Als wesentliches neues Element ist darin auch die Pflicht beider Ehepartner verankert worden, nicht nur den jeweils finanziell Schwächeren zu unterstützen, sondern auch möglichst rasch wieder selbst einen angemessenen Lebensunterhalt zu verdienen. Damit wurde zwar die Berufstätigkeit von Frauen vom Gesetzgeber als Normalfall akzeptiert, aber nicht die strukturelle Ungleichheit beseitigt, die die Scheidung für eine Frau immer noch zu einem wesentlich gravierenderen Bruch ihrer Biographie macht, als sie es für Männer ist.

Eherechtsreform von 1977

6. Sozialgeschichte der Eltern-Kind-Beziehungen

6.1 Die emotionale Beziehung zum Kleinkind

Wie beim Verhältnis zwischen Mann und Frau stellt sich auch für die Eltern-Kind-Beziehung das Problem des Wandels der Qualität affektiver Bindungen. Gab es eine zunehmende Emotionalisierung der Eltern-Kind-Beziehungen? Diese Frage wurde in den letzten Jahren unter den Stichworten „Entstehung der Mutterliebe" und „Entdeckung der Kindheit" viel diskutiert. In neuesten Veröffentlichungen wird auch den affektiven Bindungen der Männer an ihre Kinder mehr Aufmerksamkeit geschenkt.

Geschichte der Mutterliebe

Ausgangspunkt dieser Diskussion über die Geschichte der Mutterliebe waren Formen der Kinderaufzucht, die aus heutiger Perspektive wenig gefühlvoll erscheinen und für das Kind ein hohes Gesundheitsrisiko darstellten (Ammenwesen, Fehlernährung). In Untersuchungen besonders zu süddeutschen Dörfern hat man z. B. festgestellt, daß während des 19. Jahrhunderts im ländlichen Bereich in den Erntemonaten prozentual wesentlich mehr Kinder starben als während der Winterzeit, weil die Mütter nicht stillten.

Mit Schlüssen auf vorsätzliche Vernachlässigung der Kinder muß man allerdings vorsichtig sein. Denn neben den Belegen von Desinteresse findet man in den gleichen Gemeinden ebenso viele Anzeichen eines aufopferungsvollen Einsatzes der Eltern für die Gesundheit ihrer Kinder oder auch der Trauer bei ihrem Tod. Charakteristisch scheint daher eher die Ambivalenz gegenüber dem Nachwuchs, die Freude und emotionale Bindung auf der einen Seite und das Wissen um die materiellen Belastungen und Einschränkungen, die durch eine zu große Zahl von Kindern auf die Familie und auch auf die Kinder selbst zukommen würden, auf der anderen. Diese aus der materiellen Not geborene Ambivalenz kommt auch in Arbeiterautobiographien deutlich zum Ausdruck.

ambivalente Einstellung zum Kleinkind

So scheint die Annahme begründet, daß sich eine gewandelte Einstellung zum Kind zuerst in den Schichten ausbreiten konnte, in denen die Eltern von materieller Not und dem Zwang zu permanenter Arbeit aller Familienglieder frei waren und sich auf die Kinder ungetrübt freuen und konzentrieren konnten. Für das gehobene Bürgertum lassen sich sehr emphatische Beziehungen zwischen Eltern und Kindern bereits seit dem ausgehenden Mittelalter anhand von Familienbriefen dokumentieren. Diese Grunddisposition hat seit der Mitte des 18. Jahrhunderts durch den intensiven Diskurs über Ehe, Liebe und Familie, der in jener Zeit einsetzte, nochmals eine Verstärkung erfahren. Da sich die Partnerbeziehungen in der bürgerlichen Familie immer deutlicher am Leitbild der ehelichen Liebe orientierten, veränderte sich auch die Auffassung vom Kind, besonders vom Kleinkind: Vom Zweck der Ehe bzw. Sexualität wurden die Kinder zum „Pfand der Liebe" des Paares.

emphatische Beziehungen im Bürgertum

Die Konzentration der bürgerlichen Familie besonders auf das Kleinkind äußerte sich in dem Bedürfnis bürgerlicher Frauen, ihre Kinder selbst zu stillen, in Zärtlichkeit und Nähe, in intensiver Beschäftigung mit dem körperlichen Wohl, aber auch mit den Stadien der Entwicklung und den Problemen der Erziehung des Kindes. Verschiedene Untersuchungen weisen darauf hin, daß – wohl bedingt durch die erhöhte Stilltätigkeit der Mütter – in den Oberschichten in Deutschland die Kindersterblichkeit bereits um die Wende zum 19. Jahrhundert rückläufig war. Diese intensive Beschäftigung mit dem Kind, seinem Wachstum und seiner Erziehung, scheint lange ein Privileg bürgerlicher Familien gewesen zu sein.

Stillen als Zeichen der Zuwendung

In Arbeiter- und Bauernfamilien liebten die Eltern ihre Kinder sicherlich auch, sie zeigten dies jedoch nur in Ausnahmefällen in Form von Zärtlichkeit und besonderer Zuwendung. Die vermutlich auch religiös und damit konfessionell gefärbten Ursachen für diese mangelnde

Körperlichkeit und spontane Emotionalität änderten sich in der Arbei-   mangelnde körper-
terfamilie erst im Laufe des frühen 20. Jahrhunderts. Nun war durch die   liche Zuwendung in
                                                                          den Unterschichten
Verbesserung der materiellen Verhältnisse und der Wohnsituation ein
entspannterer Umgang mit den Kindern möglich. Dazu kamen Fortschritte in der Geburtenkontrolle und eine deutlich sinkende Kindersterblichkeit. Kinder wurden auch in der Arbeiterschaft zunehmend zu
Wunschkindern, auf die sich die ganze Aufmerksamkeit der Eltern konzentrieren konnte.

Auf der anderen Seite muß man jedoch sehen, daß die Mittel der
Geburtenverhütung so sicher nicht waren. Kam es zu einer ungewollten
Schwangerschaft, so stellte sich bald heraus, wie ambivalent das Verhältnis zum Nachwuchs weiterhin blieb und unter den materiellen Bedingungen eines Großteils der Bevölkerung im frühen 20. Jahrhundert
auch weiterhin bleiben mußte. Abtreibungen waren daher an der Tages-   Abtreibung
ordnung. Schätzungen gehen davon aus, daß sogar noch in der familienfreundlichen Nachkriegszeit der 50er und frühen 60er Jahre vor
Einführung der chemischen Kontrazeptiva in der Bundesrepublik jährlich mindestens 500 000, wahrscheinlich aber eher 1,5 Millionen
Schwangerschaftsabbrüche vorgenommen wurden. Das würde bedeuten, daß etwa so viele Schwangerschaften abgebrochen wie Kinder aus-
getragen wurden. Das Problem der emotionalen Ambivalenz zum Kind
hat sich bei genauerer Betrachtung nur in einen anderen Zeitraum, in
die Zeit vor der Geburt, verlagert, schichtspezifische Unterschiede sind
dabei kaum erkennbar.

6.2 Erziehung in der Familie

Während des 19. Jahrhunderts gab es schichtspezifisch noch sehr unterschiedliche Auffassungen von Erziehung. Im bäuerlichen, aber auch im
handwerklichen und protoindustriellen Milieu wurden die Kinder nicht
nur aus Not rasch in die Arbeitswelt der Erwachsenen integriert. Es   traditionelle Erzie-
entsprach auch einer Erziehungstradition, der es nicht um die Entfaltung   hung durch und zur
                                                                           Arbeit
von Anlagen und Individualität ging, sondern um den Erwerb von (oft
lokalem) Wissen und Techniken und um das Einfügen der Kinder in eine
bestehende Ordnung. Das heißt nicht, daß es in diesem Erziehungs-
system keine Vorstellung von Kindheit und Entwicklung gegeben hätte.
Die Eingliederung in die Arbeitswelt ging oft in brauchmäßig genau normierten Schritten vor sich und mit speziellem, für die Kinder hergestell-
tem Gerät, folgte gewissermaßen einem eigenen pädagogischen Konzept. Im ländlichen Bereich läßt sich diese Form der Erziehung durch und
zur Arbeit bis ins frühe 20. Jahrhundert hinein feststellen.

Im Rahmen der Frühindustrialisierung kam es allerdings unter dem Druck der materiellen Verhältnisse bzw. der ungezügelten Ausbeutung menschlicher Arbeitskraft zum Zusammenbruch sämtlicher Normen bezüglich der Arbeitsbelastung von Kindern. Im Gegenzug dagegen wurde gewerbliche Kinderarbeit seit dem ausgehenden 19. Jahrhundert insgesamt geächtet. Dies setzte nicht nur gewandelte wirtschaftliche Verhältnisse – die zunehmende wirtschaftliche Bedeutungslosigkeit von Kinderarbeit – voraus, sondern auch eine neue Einstellung zur Kindheit. Die traditionelle christliche Vorstellung vom Kind war die des kleinen Sünders. Mühsal und Arbeit waren daher auch Instrumente, seinen Eigenwillen zu brechen, was als Kernstück jeder christlichen Erziehung angesehen wurde.

Kinderarbeit in der Industrie

Im Bürgertum bekamen Kinder seit der Zeit der Aufklärung eine ganz neue Bedeutung: Sie wurden zum Symbol des unentfremdeten Menschen und damit zu Garanten einer besseren Zukunft und Kristallisationspunkt einer neuen bürgerlichen Utopie. Im 19. und 20. Jahrhundert wich dieser ursprünglich emanzipatorische Ansatz schließlich einer pathetischen Sentimentalisierung von Kindheit. Kinder, so schreibt Ellen Key 1903 in ihrem Buch „Das Jahrhundert des Kindes", seien gleichsam reine und göttliche Wesen auf der Erde. „Die Zeit wird kommen, in der das Kind als heilig angesehen wird, selbst wenn die Eltern mit profanen Gefühlen dem Mysterium des Lebens genaht sind" [15: KEY, Jahrhundert, 42].

Neue Einstellung zum Kind

Für die Kinder des Bürgertums hatte dieser Wandel zur Folge, daß sie aus der Lebenswelt der Erwachsenen ausgegliedert und immer mehr in eine Spezialwelt für Kinder verwiesen wurden. Symbol dieser kindgerechten Erziehung war das Kinderzimmer, seine Ausstattung mit Kindermöbeln, Spielzeug und ein wachsender Markt für Kinderliteratur. Außerdem trat eine „Verhäuslichung" der Kindheit ein. Die Straße, bis dahin in den Städten ein wichtiger Lebensraum für Kinder, wurde im gehobenen Bürgertum seit dem ausgehenden 19. Jahrhundert als Sozialisationsort disqualifiziert, das Leben des Kindes ganz in den „Schoß der Familie" und hinter die schützenden Mauern der eigenen Wohnung verlegt. Das Kinderzimmer war somit auch ein Symbol für die zunehmende Distanz zwischen dem Bürgertum und den niederen sozialen Schichten.

Spezialwelt für Kinder im Bürgertum

Kinder werden nicht nur durch systematische Erziehung beeinflußt, sondern auch durch das alltägliche Verhalten und Vorbild von Eltern und Geschwistern, durch die Rollenteilung und den Kommunikationsstil in der Familie. Zentrales Symbol, in dem täglich die Macht- und Arbeitsteilung, aber auch die sonstigen sozialen Beziehungen der

Familiensozialisation

Familie zusammengefaßt und von den Kindern verdichtet erlebt werden, war und ist auch heute noch die gemeinsame Mahlzeit und ihre
Zubereitung. Das Essen, diese zentrale Tätigkeit individueller Überle-
benssicherung, ist in allen Gesellschaften hochgradig ritualisiert und
zugleich symbolischer Ausdruck der Strukturen und Machtverhältnisse
in der Familie: Bei Tisch durften – schichtübergreifend – bis ins
20. Jahrhundert hinein nur die Erwachsenen reden. Die Tischmanieren   Tischrituale
der Kinder waren ein zentraler Bestandteil ihrer Sozialisation. Hier
werden allerdings noch in den europäischen Familien des 20. Jahrhunderts große Schichtunterschiede deutlich. Häufig dienen das Essen bzw.
die Regeln des Essens gerade dazu, diese Schichtunterschiede zu mar-
kieren. Bürgerliche Familien verwandten und verwenden deshalb noch
immer einen nicht unerheblichen Teil ihrer Zeit und Energie auf die
täglichen „Dressurakte" bei Tisch.

Auch die geschlechtsspezifische Sozialisation wurde bei Tisch
eingeübt: In allen Schichten hatten die Frauen die Aufgabe zu kochen
und zu servieren, Männer saßen am Kopfende des Tisches, schnitten
das Fleisch, teilten es zu und sollten angeblich auch mehr davon essen,
weil sie die Ernährer der Familie seien. Im gegenwärtigen Diskurs über
die Gleichberechtigung von Mann und Frau kommt der Hausarbeit und
den Ritualen um das Essen wegen dieser symbolischen Verdichtung
von Machtstrukturen eine hohe Bedeutung zu.

In den täglichen Interaktionen zwischen Eltern und Kindern bzw.
auch zwischen den Geschwistern werden somit schichtspezifische Lebensstile ebenso ausgeprägt wie zentrale kulturelle Orientierungen und
Werte der gesamten Gesellschaft vermittelt. Im Zuge der Auflösung des
„ganzen Hauses" und der zunehmenden Entlastung der Familie von
wirtschaftlichen und juristischen Funktionen tritt dieser Aspekt der Sozialisation und Enkulturation als Hauptaufgabe der Familie immer stärker in den Vordergrund.

6.3 Kinder als Kostenfaktor

Kinder haben für ihre Eltern neben der emotionalen auch eine doppelte
ökonomische Bedeutung. In den Bauernfamilien, bei den Heimarbei-   doppelte ökonomi-
tern, aber auch noch bei den Arbeitern waren Kinder auf der einen Seite   sche Bedeutung von
von einem gewissen Alter an zusätzliche Arbeitskräfte und brachten   Kindern
zusätzlichen Verdienst (sofern sie mehr verdienten als sie konsumier-
ten), auf jeden Fall aber waren sie eine Sicherung für das Alter. Auf der
anderen Seite stellten Kinder schon immer einen Kostenfaktor dar. Mit
der zunehmenden Verschulung der Gesellschaft und der verzögerten

ökonomischen Selbständigkeit der Kinder wurde dieser Aspekt immer wichtiger. Für bürgerliche Familien stand er immer im Vordergrund, denn die Ausbildung und das Studium waren hier eine teure, aber notwendige Investition in die Zukunft der Kinder und der Familie. Auch für die Handwerkerfamilien waren das Lehrgeld und die Ausrüstungskosten der Söhne ein beträchtlicher Ausgabenposten. Zwar waren diese Kosten nicht mit den Aufwendungen für ein Studium zu vergleichen, sie bedeuteten aber dennoch eine solche Belastung, daß noch im 20. Jahrhundert die Schwestern häufig auf eine weitere Schul- oder Ausbildung verzichten und Geld verdienen mußten, um den Brüdern einen entsprechenden Berufsabschluß zu finanzieren. Die Ausgaben für Kinder waren geschlechtsspezifisch also sehr unterschiedlich.

Schichtspezifik der Kosten   Die Schichtspezifik der Kosten von Kindern läßt sich bis in die Gegenwart hinein nachweisen. 1973 betrugen die durchschnittlichen Verbrauchsausgaben für ein Kind von Eltern mit einem monatlichen Haushaltsnettoeinkommen von ca. 2000 DM knapp 500 DM, während diese Ausgaben sich bei Familien mit einem Nettoeinkommen über 5000 DM auf fast 1000 DM erhöhten. In allen Schichten ist allerdings zu beobachten, daß die Ausgaben pro Kind geringer werden, je mehr Kinder eine Familie hat. Für viele Eltern ist es ein Problem, daß die Kinder im Laufe ihres Schul- und Ausbildungslebens immer teurer werden. Hatte man im Jahr 1980 einen monatlichen Mindestbedarf von knapp 250 DM für ein einjähriges Kind berechnet, so kosteten 16jährige Jugendliche in diesem Jahr bereits über 800 DM. Eine vollständige Unterstützung eines studierenden Kindes liegt heute bei 1500 DM pro Monat. Ein Kind, das von seinen Eltern bis zum Ende des Studiums voll unterstützt wurde, kostete diese bereits im Jahr 1980 über 400 000 DM. Derartige Ausgaben konnten und können von einem großen Teil der Arbeiterfamilien nicht geleistet werden. Der Besuch weiterführender Schulen und Universitäten lag bis in die Zeit der Bundesrepublik hinein fast immer außerhalb der materiellen Reichweite von Arbeiterfamilien. Erst das Bundesausbildungsförderungsgesetz (BAföG) von 1969 schaffte hier eine gewisse Abhilfe.

Zwang zur Kinderarbeit   Für die Arbeiterfamilien stellte während des 19. Jahrhunderts schon die Versorgung der Kinder mit Nahrung und Kleidern ein großes Problem dar. Familien mit mehr als zwei Kindern sanken rasch unter die Armutsgrenze. „Man kann dreist behaupten", schrieb Minna Wettstein-Adelt im Jahr 1893, „daß mehr als drei Kinder in einer Familie schuld am Ruin derselben sind" [26: WETTSTEIN-ADELT, Fabrik-Arbeiterin, 42]. Arbeiterkinder waren daher früh gezwungen, zum Familieneinkommen beizutragen. Zwar wurde durch verschiedene Arbeitsschutzbestimmungen das Alter für die zulässige Beschäftigung von Kindern in Fabriken im Lauf des 19. Jahrhunderts allmählich erhöht und 1891 auf 13 Jahre festgesetzt, davon war aber nicht die Heimarbeit betroffen. Die Fabrikarbeit von Kindern fiel nach 1890 drastisch ab, dennoch wurden 1900 in einer Erhebung noch über 540 000 gewerbstätige Kinder außerhalb der Fabriken in der Hausindustrie und im Handel oder in anderen Gewerben gezählt. Die Kinder waren zwischen sechs und 14 Jahre alt, und fast die Hälfte von ihnen mußte an sechs bis sieben Tagen in der Woche mehr als drei Stunden arbeiten, viele oft bis tief in die Nacht. Durch das Heimarbeitergesetz von 1911 wurde auch diese Form der Kinderarbeit eingeschränkt bzw. in die Illegalität abgedrängt. Verschwunden ist sie keineswegs. Auch in der Weimarer Republik und in der Bundesrepublik bestand und besteht für Kinder der Unterschichten oft noch der Zwang, das kärgliche Familienbudget mit einem kleinen Zuverdienst durch Botengänge, Zeitungsaustragen u. ä. zu verbessern.

7. Jugend zwischen *peer group* und Familie

7.1 Familie und Jugendgruppe in der ländlichen Gesellschaft

Der Übergang von der Jugend ins Erwachsenenalter ist heute diffus. Aufgrund der langen Ausbildungszeiten, aber auch wegen der sich verringernden Bedeutung der Ehe für die Legitimierung von Sexualität läßt sich das Ende der Jugend nicht mehr präzise und allgemeingültig bestimmen. In ländlichen Gemeinden war das bis ins 20. Jahrhundert hinein anders. Jugend endete präzise mit dem Tag der Hochzeit. Sie war primär definiert durch den Status des Ledigseins und nicht abhängig vom Alter oder dem Abschluß bestimmter Ausbildungsprozesse oder gar von seelischer Reife. Wer schon mit 18 Jahren heiratete oder heiraten mußte, war kein Jugendlicher mehr. *(Randbemerkung: Jugend definiert durch Ledigsein)*

Die zentrale Bedeutung der Heirat für das Ende der Jugend ergab sich aus der in Westeuropa fast durchgängig verbreiteten Sitte, daß das verheiratete Paar einen eigenen Haushalt gründete und nicht in den der Eltern integriert wurde (Neolokalität). Mit der Heirat war die Leitung eines Haushalts und dessen Repräsentation in der Gemeinde und damit der volle Erwachsenenstatus verbunden. Einen allmählichen Übergang zu mehr Selbständigkeit gab es nicht. Bis zur Heirat blieben die Jugendlichen, soweit sie auf dem elterlichen Hof lebten, der Autorität des Vaters unterstellt, der vor allem für die Zuteilung von Arbeit zuständig war.

Jugend und
Gesindedienst

Zur bäuerlichen Jugend gehörte ähnlich wie im Handwerk eine Zeit, die die Kinder außerhalb des elterlichen Haushalts in einer anderen Familie verbrachten. Je nachdem, ob die Arbeitskraft der heranwachsenden Kinder auf dem elterlichen Hof benötigt wurde oder ob mehr Kinder als Arbeit und vor allem als Nahrung vorhanden waren, wurden die Kinder früher oder später – zum Teil schon als Schulkinder – in fremde Haushalte gegeben.

Als Gesinde waren die Jugendlichen rechtlich (nicht unbedingt sozial) in den Haushalt des Dienstherrn integriert. Sie unterstanden der Autorität des Hausvaters (der bis zur Mitte des 19. Jahrhunderts auch noch ein zum Teil in den Gesindeordnungen festgelegtes Züchtigungsrecht besaß), arbeiteten primär für Kost und Logis und erhielten nur einen geringen Geldlohn. Erst durch die Gesetzgebung der Weimarer Republik wurde 1918 auch der landwirtschaftliche Gesindedienst in ein reguläres Lohnarbeitsverhältnis überführt.

ländliche Jugend-
gruppen

Neben der Fortdauer der Unselbständigkeit gab es aber auch Freiräume, die die Stellung der Jugend auf dem Land ganz deutlich von der der Kinder unterschied. Das war vor allem das meist brauchmäßig festgelegte Recht, an den sozialen Aktivitäten der ledigen Jugend teilzunehmen. Nach der Schulentlassung oder Konfirmation schlossen sich in vielen Dörfern die männlichen und zum Teil auch die weiblichen Jugendlichen in gewöhnlich nach Altersjahrgängen gegliederten Gruppen zusammen. In diesen Gruppen verbrachten sie die arbeitsfreie Zeit vor allem an den Winterabenden. Diese ländlichen Jugendgruppen, die eine lange, zum Teil ins Mittelalter zurückreichende Tradition hatten, organisierten und überwachten die Partnerwahl und kontrollierten und verteidigten den lokalen Heiratsmarkt. Sie stellten zugleich eine egalitäre, kameradschaftlich organisierte Gegenwelt gegen die hierarchisch strukturierte Familie dar.

Stellung in der
Familie

Spätestens nach dem Ersten Weltkrieg verschwanden diese autonomen Jugendgruppen auf dem Land. Für die Jugendlichen fiel dadurch ein wichtiger Freiraum weg. Das Autoritäts- und Machtgefälle zwischen dem Vater und der Mutter und den heranwachsenden Kindern änderte sich in ländlichen Familien langsamer als in anderen. Von den Jugendlichen wurde bis in die Zeit nach dem Zweiten Weltkrieg hinein nicht nur erwartet, daß sie mehr oder weniger unentgeltlich, das heißt gegen ein meist nur auf Verlangen und Bedarf bezahltes Taschengeld, auf dem elterlichen Betrieb mitarbeiteten, sondern sie waren bis zur Eheschließung (und zum Teil darüber hinaus) den Anordnungen des Vaters unterworfen. Er regelte nicht nur die tägliche Arbeit, sondern fällte auch wichtige Betriebsentscheidungen allein. Erst nach dem

Zweiten Weltkrieg setzte ein deutlicher Wandel ein. Das Verhältnis zwischen den Generationen entspannte sich auf dem Land, und eine stärker partnerschaftliche Familienorganisation setzte sich durch.

In diesem Zusammenhang veränderte sich auch das Verhältnis zwischen Familie und *peer group*. Landjugendliche verbrachten ihre Freizeit nun vor allem in Vereinen, besonders in Sportvereinen und anderen themenbezogenen Angeboten für die Freizeitgestaltung. Diese Vereine haben zwar im dörflichen Kontext noch eine hohe sozialintegrative Bedeutung. Für die Jugendlichen sind sie sicher auch als Ort der Partnerwahl wichtig, aber sie sind keine altershomogene Gegenwelt gegen die Familie. Wirklich autonome Jugendorganisationen – wie man sie in den Jugendbanden der Städte kennt – scheinen auf dem Land verschwunden zu sein. Die Familie besitzt dort heute, das haben verschiedene soziologische Untersuchungen gezeigt, für die Jugendlichen einen außerordentlich hohen Stellenwert. Die emotionale Bindung an die Familie ist bei Landjugendlichen besonders stark und die Übernahme von Werten und Einstellungen der Eltern ausgesprochen hoch.

7.2 Jugend und Generationskonflikte in bürgerlichen Familien

Schon früh entwickelte sich im Kontext protestantischer, vor allem calvinistischer, auf die Bekehrung des Kindes bezogener Erziehung ein Verständnis von Jugend als einer Lebensphase der Reifung. Eine breitere soziale Durchsetzung und überkonfessionelle Verankerung eines modernen Jugend-Konzepts war jedoch eng verbunden mit der Herausbildung der bürgerlichen Familie und dem gesamtgesellschaftlichen Strukturwandel seit dem ausgehenden 18. Jahrhundert. Für die berufliche Zukunft der Kinder aus bürgerlichen Familien war Herkunft allein nicht mehr entscheidend, sondern Selbständigkeit, Leistungsbereitschaft und immer mehr auch allgemeine berufliche Qualifikationen. Die Komplexität der modernen Bürokratie und auch der industriellen Produktion forderte formalisierte Ausbildungsgänge. Jugend wurde dadurch eine immer einheitlicher fixierte Phase im Lebenslauf.

modernes Jugend-konzept im Bürgertum

Dadurch ergaben sich sowohl für die Jugendlichen als auch für die Familien typische Konfliktlagen: Der Anforderung der Entwicklung selbständigen Denkens und Handelns stand für die Jugendlichen die immer längere Fremdbestimmung in Schule und Ausbildung und vor allem die mangelnde wirtschaftliche Selbständigkeit gegenüber. Für die Familien ergab sich das Problem der sozialen Kontrolle. Jugend brauchte Freiräume zur Entwicklung, aber diese Entwicklung sollte sie nicht in Richtungen führen, die mit den Zielen und Traditionen der Familie nicht konform liefen. Die Folge waren gehäufte Konflikte zwischen den Generationen.

Generationen-konflikte Generationenkonflikte sind kein ausschließlich modernes oder auf das Bürgertum beschränktes Phänomen. Sie beruhen vielfach auf einem epochenspezifischen Wandel der Wahrnehmung der Umwelt und konnten daher ganz verschiedene Formen und Richtungen annehmen. Bei den bürgerlichen Jugendlichen der Jahrhundertwende äußerten sie sich aufgrund der besonderen Lage der Jugendlichen und der Struktur der bürgerlichen Familie vor allem in der Form des Vater-Sohn-Konfliktes, der zu einem Dauerthema der bürgerlichen Literatur jener Zeit wurde. Insgesamt trat diese Konfliktlage zugespitzt zunächst vor allem bei der männlichen Jugend in Gymnasien und an Universitäten auf. Spätestens seit der Zeit der Weimarer Republik nahmen auch bürgerliche Mädchen an der öffentlichen Inszenierung des Jugendprotests teil: „Bubikopf", ein lockerer Umgang mit Sexualität und Rauchen waren äußerliche Symbole eines neuen Selbstverständnisses und natürlich auch Ursache für innerfamiliale Konflikte.

Die Probleme der Jugend äußerten sich allerdings nicht nur in innerfamiliären Auseinandersetzungen. Die Vereinheitlichung der Lebensläufe ließ die Jugend immer mehr als eine eigene soziale Gruppe in der Gesellschaft hervortreten. Die individuellen Konflikte innerhalb der Familie wurden dadurch generalisierbar zu allgemeinen Generationenkonflikten.

Besonders in Zeiten, in denen z. B. aufgrund von Überfüllungskrisen den nachrückenden Jahrgängen die akademischen Berufe auf lange Zeit verschlossen blieben, bildeten sich generationsspezifische überlo- **jugendliche Protest-bewegungen** kale Protestbewegungen heraus. Zunächst war dies auf kleinere Gruppen an den Universitäten beschränkt – im ersten Drittel des 19. Jahrhundert z. B. im Rahmen der Bewegung des Jungen Deutschland, die dann auch an Schulen und schließlich schichtübergreifend auch unter den Handwerksgesellen wirksam war.

Allerdings blieb der schichtübergreifende Jugendprotest stets gering. Dies trifft auch noch auf die bekanntesten dieser Jugendprotestbewegungen, die „Jugendbewegung" der Jahrhundertwende und die Studentenbewegung der 1960er Jahre zu. Beide Jugendbewegungen waren nicht nur von bürgerlichen Jugendlichen (und auch nicht nur von männlichen Jugendlichen) getragen, hatten aber einen sehr engen Bezug auf die Struktur der bürgerlichen Familie und die in ihr festgeschriebenen Verhaltensleitbilder. 1968 war die Kritik an der bürgerlichen Familie Teil der allgemeinen Gesellschaftskritik. Die Familie wurde als krankmachender Ort der Unterdrückung von Kindern, Jugendlichen und

Frauen angesehen, die Befreiung aus ihren Fesseln als notwendiger Bestandteil einer allgemeinen Gesellschaftsreform oder Revolution. Die Jugendlichen brachten diesen Ausbruch aus der Familie vor allem durch die Aneignung eines Rechts auf Sexualität zum Ausdruck.

Obwohl die Aktivisten der Protestbewegung von 1968 mehrheitlich aus bürgerlichen Familien stammten, hatte dieser Aufstand der akademischen Jugend in der Bundesrepublik schichtübergreifend nachhaltige Auswirkungen auf die Binnenstruktur der Familien, auf die Erziehungsstile und das Verhältnis der Generationen und Geschlechter zueinander. Die Ablehnung autoritärer Erziehungsstile hat sich seither gesellschaftlich ebenso durchgesetzt wie die Akzeptanz vorehelicher Sexualität von Jugendlichen. Experimente zur vollständigen Ersetzung der Familie durch Wohn- und Lebensformen ohne feste Partner- und Eltern-Kind-Beziehungen, wie sie in den sogenannten Kommunen als Teil und Grundlage einer neuen Gesellschaftsordnung erprobt wurden, haben sich dagegen als marginal erwiesen. Das Wohnen in Wohngemeinschaften und auch die mit promiskuitiver Sexualität verbundene Partnersuche ist zwar zu einem Teil des Lebenslaufes vieler Jugendlicher geworden, wird dann aber weiterhin durch festere Partnerbindungen oder Eheschließung abgelöst.

Die Auswirkungen von 1968

7.3 Arbeiterjugendliche zwischen Familie und peer group

Die Möglichkeit zur Herausbildung jugendeigener Lebensformen, einer jugendlichen Kultur oder „Subkultur", ist eng verbunden mit der Verfügbarkeit freier Zeit. Insofern waren den Arbeiterjugendlichen bis zur Reduzierung ihrer Arbeitszeit im Rahmen der Sozialgesetzgebung des ausgehenden Kaiserreichs für die Gestaltung eines eigenen Lebensraumes relativ enge Grenzen gesetzt. 1891 wurde die Arbeitszeit für Jugendliche unter 16 Jahren in Fabriken auf maximal zehn Stunden am Tag reduziert. Noch in der Zeit der Weimarer Republik waren die Arbeitsschutzbestimmungen für Jugendliche, die Einhaltung des Achtstunden-Tages und der 48-Stunden-Woche, nur für die in Großbetrieben der Städte beschäftigten Jugendlichen Realität.

Städtische Arbeiterjugend galt bürgerlichen Beobachtern als die Problemgruppe schlechthin. Ihrer Kontrolle „zwischen Volksschule und Kaserne" und in der kurzen freien Zeit nach der Arbeit galt die besondere Aufmerksamkeit der sich etablierenden Sozialarbeit. Entgegen dem Klischee einer weitgehend verwahrlosten Jugend, die ihre Freizeit im wesentlichen außerhalb der Familie in jugendlichen Banden verbrachte, haben Untersuchungen aus den 1920er und 1930er Jahren er-

Arbeiterjugend als angebliche Problemgruppe

geben, daß dies keineswegs mit dem realen Verhalten der Jugendlichen übereinstimmte. Ein Großteil der Arbeiterjugend verbrachte seine Freizeit innerhalb der Familie. Gemeinsame Spaziergänge, Spiele oder der Besuch von Sportveranstaltungen nahmen einen breiten Raum ihrer Freizeit ein. Wichtig war auch die gemeinsame Arbeit in Kleingärten, die der Aufbesserung des familialen Einkommens diente.

Bei der Neigung, die Freizeit innerhalb der Familie zu verbringen, wird es allerdings erhebliche geschlechtsspezifische Unterschiede gegeben haben. Denn neben die Familie traten vor allem für die männlichen Jugendlichen die Vereine, ganz besonders die Sportvereine, als attraktiver Ort der Freizeitgestaltung. In der Zeit der Weimarer Republik waren über 40% der Jugendlichen in Vereinen organisiert, davon gehörte bei der männlichen Jugend fast die Hälfte einem Sportverein an. Vor allem bei Jugendlichen aus klassenbewußten und politisch engagierten Elternhäusern spielten auch noch die Jugendorganisationen der Arbeiterbewegung eine wichtige Rolle für die Freizeitgestaltung.

Nur eine Minderheit jugendlicher Arbeiter und Lehrlinge versuchte, sich in der Freizeit jeder Kontrolle und Bevormundung durch Eltern, Verein oder Partei zu entziehen. Seit dem Ersten Weltkrieg lassen sich autonome Banden oder Cliquen von Arbeiterjugendlichen fassen. Im Gegensatz zu den bürgerlichen Wandervögeln, die nicht nur der Enge der Städte, sondern auch der Familie entkommen wollten, war der Protest der „Wilden Cliquen" allerdings nicht gegen die Familie, sondern „gegen die Disziplin der Industriearbeit, gegen den Zugriff der Sozialarbeit, gegen Ordnung und Bildungsanspruch der Parteiarbeit" [327: PEUKERT, Jugend, 266] gerichtet.

Die „Wilden Cliquen" fanden eine gewisse Fortsetzung in den „Halbstarken" der 1950er Jahre. Auch diese rekrutierten sich wie die „Wilden Cliquen" zu einem Großteil aus durch den Krieg zerstörten oder geschädigten Familien mit geringen Aussichten auf Normalisierung und Teilhabe am wirtschaftlichen Aufstieg der jeweiligen Nachkriegszeit.

Konflikte zwischen den Generationen standen bei den Gruppenbildungen der Arbeiterjugend nicht im Vordergrund, gegeben hat es sie aber in diesen Familien natürlich auch. Mit dem frühen Eintritt ins Erwerbsleben wuchs in den Arbeiterfamilien zum einen das Gewicht und die Stellung der Jugendlichen in der Familie. Zum anderen aber konnte es um die Frage des Anteils am Lohn, den die jungen Arbeiter und Arbeiterinnen für sich behalten durften, oder auch um Fragen der Freizeitgestaltung durchaus zum Konflikt kommen. In Arbeiterfamilien,

Margin notes:

Vereine, Banden, Wilde Cliquen

Generationenkonflikte

deren Existenzbasis relativ gesichert war und bei denen sich gewisse kleinbürgerliche Orientierungen durchsetzten, scheint dies häufiger der Fall gewesen zu sein.

8. Staatliche Familienpolitik

„Familienpolitik" ist ein Begriff, der erst in den Jahren um den Ersten Weltkrieg gebräuchlich wurde. Er zielte zunächst vor allem auf bevölkerungspolitische Maßnahmen, da der starke Geburtenrückgang vor und besonders nach dem Ersten Weltkrieg als „nationale Katastrophe" empfunden wurde. Eine Erweiterung der Bedeutung des Begriffs ergab sich dann in den 1930er Jahren. Die Frauenrechtlerin Gertrud Bäumer verfaßte 1933 ein kleines Buch mit dem Titel „Familienpolitik", in dem sie Familienpolitik als „Volkspolitik" entwickelte, die über die reine quantitative Anhebung der Geburtenziffern hinausgehen müsse. Ihr Ansatzpunkt war eine bürgerliche Kritik der Mißstände der modernen industriellen Gesellschaft, ihr Ziel „ein in allen Schichten gesundes, kraftvolles, daseinsfrohes, seelisch und geistig lebendiges Volk" [186: BÄUMER, Familienpolitik, 32].

Eine spezifische, wirklich auf die Förderung von Familien konzentrierte Bedeutung erhielt der Begriff der Familienpolitik nach dem Zweiten Weltkrieg. Der Zweite Familienbericht der Bundesregierung aus dem Jahr 1979 definierte Familienpolitik als „eine Politik zur Förderung der Handlungsfähigkeit von Familien in ihrer gesellschaftlichen Umwelt" [4: FAMILIENBERICHT, 17 f.]. Allerdings wäre es unrealistisch anzunehmen, daß Familienpolitik in der Bundesrepublik seither ohne Nebenabsichten betrieben worden wäre. Familienpolitik erfüllt – wie die Familie selbst – immer verschiedene Funktionen und verfolgt – vor allem auch im Hinblick auf das Geschlechterverhältnis – gesellschaftspolitische Vorstellungen und Ziele, die nicht nur aus den Bedürfnissen der Familien abgeleitet sind.

8.1 *Die Familie als Objekt der Fürsorge und Disziplinierung*

Die traditionelle Armenpflege orientierte sich nicht an der Familie als ganzer, sondern an der Linderung extremer Notlagen einzelner in Fällen von Krankheit, Alter, Arbeitslosigkeit. Nur wenn die Familie oder Verwandtschaft nicht selbst zur Hilfeleistung in der Lage waren, trat

traditionelle Armen-
pflege

die Herkunfts- und seit 1871 die Wohnsitzgemeinde in die Unterstützung ein. In der Zeit des Pauperismus stieß dieses System deutlich an seine Grenzen. Städte und Gemeinden mußten zum Teil die Hälfte ihres Etats in der Armenunterstützung ausgeben, ohne daß in den 1840er Jahren eine strukturelle Lösung des Problems in Sicht schien. Im Gegenteil, die Revolution von 1848 hatte den sozialen und politischen Sprengstoff des Armutsproblems drastisch deutlich gemacht.

Nach 1848 kam es daher zu Ansätzen der Reform. Nun wurde Unterstützung verstärkt mit sozialer Kontrolle verbunden, da als eine Ursache der Armut die mangelnde Arbeitswilligkeit und fehlende Konsumdisziplin der Armen angesehen wurde. Voraussetzung einer effektiven Armenfürsorge schien ein enger Kontakt zwischen Armenpflegern und Unterstützungsempfängern, der eine ständige Kontrolle der Unterstützten erlaubte. Führend bei einer solchen Reform des Armenwesens war in Deutschland die Stadt Elberfeld. Hier wurde das gesamte Stadtgebiet in 280 Quartiere geteilt, denen jeweils ehrenamtliche Armenpfleger vorstanden, Unterstützung wurde nur kurzfristig gewährt und verbunden mit dem Versuch zur Arbeitsbeschaffung. Die Ausgaben der Stadt Elberfeld für das Armenwesen sanken dadurch deutlich ab. Das „Elberfelder System" wurde zu einem Modell, das andere Städte rasch übernahmen.

Elberfelder System

Die kommunale Unterstützung wurde durch die Einführung der Kranken-, Unfall-, Alters- und Invalidenversicherung im Rahmen der Bismarckschen Sozialpolitik der 1880er ergänzt, aber keineswegs ersetzt. Diese Gesetze galten zudem nur für die versicherten Arbeiter. Frauen, speziell Witwen, aber auch Kinder und alle nicht von der Versicherung erfaßten Berufsgruppen (ländliches Gesinde) waren zunächst weiterhin auf die traditionelle Armenfürsorge angewiesen. Die Wirkungen des Sozialversicherungswesens des Kaiserreichs werden daher heute sehr nüchtern beurteilt.

Bismarcks Sozialgesetzgebung

Der Schutz und die Förderung der Familie insgesamt wurde in Deutschland erstmals mit der Weimarer Verfassung (Art. 119 ff.) als Staatsaufgabe definiert. Eine systematische Familienpolitik folgte daraus jedoch noch nicht. Die einzelnen familienpolitischen Maßnahmen der Weimarer Regierungen waren stark bevölkerungspolitisch orientiert. So wurde 1919 die bereits im Rahmen der Bismarckschen Krankenversicherung ansatzweise verwirklichte „Wochenhilfe" für schwangere Frauen gesetzlich verankert und 1926 auch ausgedehnt. Die eugenischen Bestrebungen der Zeit führten zu einer erstaunlichen Ausdehnung der Gesundheitsfür- und -vorsorge von Kindern und zur Einrichtung von Eheberatungsstellen. Außerdem gab es Witwen- und Waisen-

Familienpolitik der Weimarer Republik

renten sowie Erziehungsbeihilfen für besonders begabte Kinder (Art.
146 Reichsverfassung). Zu einer wirklichen Unterstützung von Familien im Sinne einer
die Kosten der Versorgung und Ausbildung der Kinder durch staatliche
Transferleistungen mildernden Finanzpolitik kam es in der Weimarer
Republik nicht, obwohl sie von den zahlreichen Wohlfahrtsorganisatio-
nen verschiedentlich eingefordert wurde. Mit der Weltwirtschaftskrise
von 1926 wurden zudem auch die Einzelmaßnahmen fast alle wieder
abgebaut: Kinderzulagen wurden gestrichen, Waisen- und Witwenren-
ten gekürzt, Krankenkassen brauchten geringfügigere Arbeitsunfälle
nicht mehr zu entschädigen. Allerdings wurden durch den Preisverfall
während der Depression manche dieser nominalen Leistungssenkun-
gen mehr als wettgemacht, so daß speziell im Bereich der Renten die
Kaufkraft sogar stieg und damit die soziale Demontage am Ausgang
der Weimarer Republik weniger hart ausfiel, als dies zunächst den An-
schein haben mochte.

In der Zeit des Nationalsozialismus findet man, was die Gestal- Familienpolitik in
tung der ökonomischen Rahmenbedingungen des Familienlebens der der NS-Zeit
Arbeiter anbetrifft, zeitlich versetzt zwei gegenläufige Tendenzen: Er-
stes Ziel der Nationalsozialisten war der Abbau der Arbeitslosigkeit
und die Verbesserung der Ernährungslage bei gleichzeitiger Stärkung
der Familie und „Entlastung" der Frau von der Erwerbsarbeit im Sinne
der nationalsozialisten Geschlechter- und Familienideologie. Ehestandsdarlehen, Kindergeld, vielfältige Unterstützung kinderreicher
Familien wurden eingeführt. Die Arbeitslosigkeit führte zur systematischen Bevorzugung der Männer auf dem Arbeitsmarkt und zu einem
Rückgang der weiblichen Erwerbstätigkeit, deren Anteil in den Jahren
zwischen 1933 und 1936 von 35% auf 31% der Beschäftigten sank.

Doch dies war eine vorübergehende Erscheinung. Die sich erho-
lende Konjunktur und die Aufrüstung führten bald zu einem Arbeits-
kräftemangel in der deutschen Wirtschaft, den die Nationalsozialisten
nun durch die Propagierung weiblicher Erwerbstätigkeit zu decken versuchten. Zugleich wurde allerdings auch die Hausarbeit als volkswirt-
schaftliche Leistung von den Nationalsozialisten anerkannt und aufgewertet als Dienst nicht nur an der Familie, sondern am Volk. Die Leistungsbereitschaft der Frauen sollte auf diese Weise in beiden Sektoren
erhöht werden. Reinhard Sieder sieht die bis in die Gegenwart hinein-
reichende doppelte Belastbarkeit und doppelte Verfügbarkeit von
Frauen im Haus und am gewerblichen Arbeitsplatz im wesentlichen
auch als ein Produkt der nationalsozialistischen Frauenpolitik an [76:
SIEDER, Sozialgeschichte, 235 f.].

Familienpolitik in
der BRD

In der Bundesrepublik stand die Familienpolitik zunächst vor dem Problem, daß man an die sozialpolitischen Maßnahmen der Zeit des Nationalsozialismus aufgrund ihrer eugenischen und rassepolitischen Implikationen nicht anknüpfen konnte. Der Alliierte Kontrollrat verbot die Fortzahlung der in den NS-Gesetzen verankerten familienbezogenen Leistungen.

Im Zentrum der Aktivitäten des 1953 gegründeten Bundesministeriums für Familie stand zunächst eine Familienpolitik, die an der Familie als einer gesellschaftlichen Institution eigenen Rechts ausgerichtet war. Das heißt, es wurden nicht gezielt einzelne Mitglieder der Familie (Frauen, Kinder, Jugendliche) gefördert. Vielmehr ging es darum, einen Rahmen zu schaffen, der „die Selbstverantwortung, die freie Entfaltung und die Unabhängigkeit der Familien sichern sollte" [189: BUNDESMINISTERIUM FÜR FAMILIE UND SENIOREN, 40 Jahre, 15].

Familienlasten-
ausgleich

Diesen Rahmen sollte der sogenannte Familienlastenausgleich gewähren, der unter Bundesfamilienminister Franz Josef Wuermeling durch die Steuerreform von 1954 installiert wurde. Kindergeld und steuerlich zu berücksichtigende Kinderfreibeträge wurden zum Grundstock der staatlichen Transferleistungen für die Familie.

Die westdeutsche Familienpolitik war in den ersten Jahrzehnten ganz an einem traditionellen Bild von Familie mit männlicher Erwerbs- und weiblicher Hausarbeit orientiert. Im Gegensatz dazu war

Familienpolitik in
der DDR

in der DDR die Familienpolitik der SED von Anfang an auf die Einbeziehung der Frauen in den Produktionsprozeß ausgerichtet. Allerdings wich die DDR in ihrer Familiengesetzgebung deutlich von der ursprünglichen marxistisch-leninistischen Programmatik, die auf die Auflösung der bürgerlichen Familie und die Vergesellschaftung der Hausarbeit zielte, ab. Auch die Verfassung der DDR stellte Ehe und Familie unter den besonderen Schutz des Staates (§ 30, Abs.1), hob zugleich aber alle Gesetze, die die Gleichberechtigung innerhalb wie außerhalb der Familie beeinträchtigten, auf. Darüber hinaus ging es der DDR-Familienpolitik auch um eine Beförderung der Geburtenentwicklung sowie um die Herausbildung „sozialistischer Familienbeziehungen", die auf Gleichberechtigung, Liebe, Achtung und gemeinsamer Verantwortung für die Kinder gegründet seien [195: LAMPERT, Lage, 12 f.].

Die programmatischen Formulierungen der DDR-Gesetze, die sich für die Gleichberechtigung der Frau wesentlich klarer einsetzten als die familienrechtlichen Gesetze der Bundesrepublik, wurden allerdings auch in der DDR nur allmählich ergänzt durch entsprechende Einrichtungen, die Frauen die Aufnahme von Erwerbsarbeit möglich machten. Einen grundlegenden Wandel der Rollenvorstellungen von *Frauenarbeit in der* Mann und Frau konnte die Gesetzgebung auch in der DDR nicht bewir- *DDR* ken. In höhere Positionen in Partei und Wirtschaft konnten Frauen auch in der DDR nicht aufsteigen (im engsten Zirkel des Politbüros war nie eine Frau!). Erwerbstätige Frauen – das waren seit den 1970er Jahren etwa 80% – hatten in der DDR in fast gleicher Weise die Doppelbelastung von Arbeit und Haushalt zu tragen wie in Westdeutschland. Allerdings waren die sozialen Dienste (Kindergärten, Horte usw.) wesentlich weiter ausgebaut, was auch im Interesse der Partei lag, die dadurch ihren Einfluß auf die Sozialisation der Kinder verstärken konnte.

In der Bundesrepublik ist die Frage der sozialstaatlichen Absicherung der Vereinbarkeit von Beruf und Familie inzwischen ebenfalls zu *Vereinbarkeit von* einer zentralen Aufgabe der Familienpolitik geworden. Über die Ein- *Beruf und Familie in* führung von Erziehungsgeld und Erziehungsurlaub, die Anerkennung *der BRD* der Familienarbeit im Rentenrecht und die Gleichberechtigung bei der Hinterbliebenenrente (1986) soll bewirkt werden, daß die zunehmende Berufsorientierung von Frauen nicht zu einer weiteren Verschärfung des Geburtenrückgangs führt. Gleichzeitig wird dadurch die Bedeutung unterstrichen, die anscheinend vor allem konservative Bundesregierungen der Familiensozialisation des Kleinkinds, aber auch der als Solidarverband funktionierenden Familie insgesamt für die zukünftige Gesellschaftsentwicklung zuschreiben. Die Soziallehre der christlichen Kirchen stützt diese Politik nachdrücklich.

8.2 Wohnungsprogramme als Hilfe und Diziplinierung

Die Lösung der Wohnungsfrage galt als eines der zentralen Probleme der Sozialpolitik des ausgehenden Kaiserreichs und auch der Weimarer Republik. Gleichzeitig war dieser Bereich eines der Hauptexerzierfelder sowohl für Möglichkeiten der sozialen Kontrolle der Arbeiterschaft wie auch für sozialistische Zukunftsentwürfe. In der Familiarisierung *Wohnungsbau und* der Arbeiter, in ihrer Verwandlung von „eigentumslosen Arbeitern in *Gesellschaftspolitik* arbeitende Eigentümer" [204: BRUNHÖBER, Wohnen, 187], sahen bür- *im Kaiserreich* gerliche Beamte den besten Schutz vor dem Sozialismus. Die abgeschlossene Wohnung für Arbeiter galt als sicherstes Mittel für deren „Verbürgerlichung". Dadurch würden alle alten Kommunikationsstrukturen und potentiellen Unruheherde aufgelöst. Derartige Überlegungen gingen ganz konkret in die architektonische Planung von Arbeitersiedlungen ein. Demgegenüber standen natürlich auch sozialistische Ideen, für die sich über die Architektur des Wohnens auch neue Formen der Gemeinschaftsbildung ergeben sollten.

Insgesamt haben sich jedoch seit den 1870er Jahren über den Arbeiterwohnungsbau vor allem kleinbürgerliche Wohnformen in der Arbeiterschaft durchgesetzt. Das Niveau an Raumangebot- und sanitärer Ausstattung war – verglichen mit dem, was dann nach dem Zweiten Weltkrieg erreicht wurde – noch sehr bescheiden. Aber gegenüber den Zuständen um die Mitte des 19. Jahrhunderts stellten die um die Jahrhundertwende und in der Zeit der Weimarer Republik errichteten Wohnungen einen bedeutenden Fortschritt dar.

sozialer Wohnungsbau in der BRD   Das Feld des sozialen Wohnungsbaus war und ist auch in der Bundesrepublik noch ein wichtiges Thema. In ihm finden sich neben den sozialen Motiven zur Behebung der Wohnungsnot immer auch Elemente der sozialen Kontrolle und der sozialen Steuerung. Die konservativen Parteien hielten die Eigentumsbindung der Arbeiter für ein wichtiges Element der Sicherung politischer und sozialer Stabilität nach dem Krieg. Sie fürchteten die Konsequenzen der Vermassung, Vereinsamung und Verwahrlosung der Arbeiter, die eine Folge des Mietwohnungsbaus seien. Im Gegensatz zur SPD, die in der Nachkriegszeit den Mietwohnungsbau auszuweiten suchte, ging die CDU-Regierung daher mit der Novellierung des Wohnungsbaugesetzes von 1953 zur Förderung des Eigenheimbaus über. Durch die Förderung des Eigenbesitzes sollten, so der Wohnungsbauminister Paul Lücke, aus besitzlosen Proletariern verantwortungsbewußte Staatsbürger gemacht werden.

Bis zum Ende der 60er Jahre war in der Bundesrepublik das Wohnungsproblem, das sich durch die Kriegszerstörungen und die Fluchtbewegungen nach dem Krieg massiv zugespitzt hatte, zumindest in dem Sinne beseitigt, daß nun allen Wohnraum zur Verfügung stand. Der Trend zur Förderung des Wohneigentums und des Eigenheimbaus setzte sich deshalb in den 70er und 80er Jahren auch unter der sozialliberalen Koalition fort. Die staatliche Wohnungsbauförderung vollzog sich im wesentlichen über Subventionen für den Eigenheimbau. Das hatte jedoch zur Folge, daß sich der Staat aus dem sozialen Wohnungsbau stark zurückzog und die Bausubventionen durch Steuervergünstigungen im wesentlichen den oberen Einkommensklassen zugute kamen. 1972 entfiel auf die Haushalte der obersten Einkommensklassen mehr als das achtfache des Subventionsbetrags, der an die unterste Einkommensklasse ging.

Wohnraumverhältnisse in der DDR   Auch in der DDR hatten sich die Wohnraumverhältnisse mit den steigenden Einkommen in der Nachkriegszeit durchaus verbessert. Die pro Person zur Verfügung stehende Wohnfläche blieb jedoch deutlich hinter westdeutschen Verhältnissen zurück. Trotz der staatlichen Neubautätigkeit (Plattenbausiedlungen) stammte auch am Ende der DDR mehr als die Hälfte der Wohnungen aus der Zeit vor 1946. Da die privaten Wohnungseigentümer aufgrund der niedrigen Mieten Reparaturen an den Gebäuden nicht vornehmen konnten, zerfiel die Bausubstanz zusehends. Nach einer Aufnahme der Bauakademie der DDR aus dem Jahr 1990 waren 200000 Wohnungen in Mehrfamilienhäusern aus der Vorkriegszeit unbewohnbar, 800000 wiesen schwerwiegende Mängel auf. Ein nicht unbeträchtlicher Teil dieser Wohnungen mußte dennoch weiter bewohnt werden, so daß es trotz der offiziellen Angaben über die angeblich ausreichende Versorgung mit Wohnraum doch ein erhebliches Wohnungsproblem und auch eine latente Obdachlosigkeit gab.

II. Grundprobleme und Tendenzen der Forschung

Bis weit ins 19. Jahrhundert hinein war das Nachdenken über die Familie eine Domäne von Theologie und Philosophie. Erst in der zweiten Hälfte des 19. Jahrhunderts entwickelte sich eine empirische Familienforschung. Historiker nahmen daran zunächst nicht teil. Der Gegenstand der Familie galt der auf Diplomatie- und Verfassungsgeschichte konzentrierten Geschichtswissenschaft als nicht „geschichtswürdig". Eine Ausnahme stellten nur die eher parauniversitär verfaßten Arbeiten zur Kultur- und Sittengeschichte dar, die zwar manche interessante Details über Sitten und Bräuche enthielten, aber keine systematische Darstellung des Zusammenhangs von Familien- und Gesellschaftsstruktur erarbeiteten.

Das war in den Sozialwissenschaften anders. Von Anfang an waren die Familie und die Frage nach ihrer Struktur, ihrer Stellung und Funktion in der Gesellschaft eines der Hauptthemen der entstehenden Soziologie. Ähnlichen Problemen stellte sich auch die frühe Völkerkunde, wobei die Familienstrukturen sogenannter primitiver Gesellschaften dann oft in die Geschichte der europäischen Familie zurückprojiziert wurden [62: LASLETT, Introduction, 2 f.]. Im ausgehenden 19. Jahrhundert entwickelten sich außerdem andere Humanwissenschaften wie die Psychoanalyse oder die Pädagogik als Wissenschaften. Bei diesen Disziplinen steht die familiale Sozialisation des Menschen im Zentrum des Interesses. Sie haben ganz wesentliche Beiträge zur Erforschung des Innenlebens der Familien geleistet, die heute ergänzt werden durch die mikrosoziologische Erforschung der Binnenstruktur der Familie als sozialer Gruppe.

Anfänge der Familienforschung in den empirischen Sozialwissenschaften

Erst seit den 1960er und verstärkt seit den 1970er Jahren schloß sich an diese Stränge der soziologischen, pädagogischen und psychoanalytischen Familienforschung die historische Familienforschung an. Sie entwickelte zunächst weniger eigene Fragestellungen, sondern griff vor allem diejenigen der Soziologie und teilweise auch der Psychoanalyse auf. Jedoch versuchte sie, über die differenzierte Erforschung des Wandels der europäischen Familie die ahistorischen Modelle der anderen Human- und Sozialwissenschaften zu hinterfragen. Dadurch kam

Anfänge der historischen Familienforschung

ein überaus fruchtbarer Dialog zwischen diesen Wissenschaften in Gang [179: ROSENBAUM, Bedeutung; 222: HERRMANN, Probleme; 184: TYRELL, Familienforschung]. Die historische Familienforschung selbst wurde zur größten „Wachstumsbranche" historischer Forschung in den 1970er und 1980er Jahren und hat inzwischen auch ganz eigenständige Fragestellungen, Forschungsfelder und Theorieansätze entwickelt.

Familienforschung und Alltagsgeschichte

Gefördert wurde die historische Familienforschung in den letzten Jahren schließlich durch das starke Interesse der Alltagsgeschichte, der Mikrohistorie und der Frauenforschung an diesem Thema. Für diese Forschungsansätze und -methoden ist die Familie von zentraler Bedeutung, da hier Lebenszusammenhänge, Lebensgestaltung und Überlebensstrategien, Arbeitsorganisation, Geschlechterbeziehungen und eheliche Machtverhältnisse jeweils in ihrem individuellen und gesellschaftlichen Kontext sichtbar werden.

Der folgende Überblick über die Grundprobleme und Tendenzen der Forschung gliedert sich daher in vier Hauptabschnitte: Zunächst geht es um die Auseinandersetzung mit Modellen der Familiensoziologie. Das zweite Kapitel beschäftigt sich mit speziellen Fragestellungen und Problemen der sozialhistorischen Familienforschung. Ein dritter Teil gilt der Auseinandersetzung einer stärker auf qualitative Quellen ausgerichteten Familienforschung mit der Pädagogik und der Psychoanalyse im Rahmen einer Historischen Sozialisationsforschung. Schließlich sollen neue Impulse aufgezeigt werden, die die Familienforschung durch die Frauen- und Geschlechtergeschichte und durch feministische Ansätze in der Geschichtswissenschaft erhalten hat.

1. Familiensoziologie und Historische Familienforschung

1.1 Geschichte und Themen sozialwissenschaftlicher Familienforschung

Anfänge sozialwissenschaftlicher Familienforschung

Die Themen sozialwissenschaftlicher Forschung sind oft angeregt durch aktuelle politische und soziale Probleme. So begannen auch die ersten empirischen Untersuchungen zur Familie, als ein neues Phänomen die gesellschaftliche Bühne betrat und das akademische Publikum beunruhigte: die proletarische Familie. Sie war nicht nur eigentumslos, sondern hatte in den Augen ihrer Kritiker auch die alten patriarchalischen Strukturen und verwandtschaftlichen Bindungen der bäuerlichen oder auch der mittelständisch-bürgerlichen Familie abgestreift. Dadurch wurde die proletarische Familie in den Augen vieler konservativer Sozialpolitiker zu einer Bedrohung für die gesellschaftliche Stabilität bzw. den Status quo der gesellschaftlichen Besitz- und Machtverteilung. Die Erforschung dieser Familien sollte eine präventive Sozialpolitik ermöglichen. Für Historiker sind diese frühen sozialwissenschaftlichen Untersuchungen von großer Bedeutung, da sie ein umfangreiches Datenmaterial bereit stellen, das heute großen, wenn auch nicht immer unproblematischen Quellenwert besitzt. Eine kritische Einschätzung dieses Materials setzt eine Kenntnis der ideologischen und thematischen Positionen, die den Erhebungen zugrunde lagen, voraus.

Charakteristisch für die Familienforschung des 19. Jahrhunderts ist zugleich ihr Entwicklungsdenken im Sinne einer Evolution der Familienformen. Es wurden weitreichende Theorien über die Enstehung moderner Familienformen entwickelt, die bis in die Gegenwart hinein die Fragestellungen der Familiensoziologie bestimmten. Die historische Familienforschung konnte und mußte hieran anknüpfen. Die empirischen Sozialwissenschaften erwarteten gerade in diesen Fragen eine Bestätigung bzw. Differenzierung ihrer historischen Grundannahmen. Daraus hat sich eine enge Verzahnung der Themenstellungen der makrosoziologischen, nach den Zusammenhängen zwischen Gesellschafts- und Familienentwicklung fragenden Ansätze in der Familiensoziologie und denen der sozialhistorischen Familienforschung ergeben. Diese historischen Anknüpfungspunkte sollen hier aufgezeigt werden.

Evolutionstheorien in der Familienforschung

1.1.1 Riehl und Le Play als Vorläufer der Familiensoziologie

Im Jahr 1855 erschienen zwei Bücher, die als der Anfang der empirischen Familienforschung gelten können: Das eine war Wilhelm Heinrich Riehls (1823–1897) Buch „Die Familie", das zugleich den dritten Band seiner großen, vierbändigen „Naturgeschichte des Volkes als Grundlage einer deutschen Social-Politik" darstellte, das andere Frédéric Le Plays (1806–1882) Studie über „Die europäischen Arbeiter" [19: RIEHL, Familie; 16: Le Play, Les ouvriers]. Riehl kontrastierte die „modernen", auf Eltern und Kinder reduzierten (Kern-)Familien dem vorindustriellen „ganzen Haus", „welches nicht bloß die natürlichen Familienglieder, sondern auch alle ... freiwilligen Genossen und Mitarbeiter der Familie in sich schließt". Das ganze Haus stand für Riehl unter der unbestrittenen Leitung des Hausvaters und war neben dieser hierarchischen Struktur geprägt durch interne Solidarität und eine klare Arbeits- und Rollenteilung [19: RIEHL, Familie, 164 ff.].

Wilhelm Heinrich Riehl

Während Riehl unsystematisch Beobachtungen auf Wanderungen
durch Deutschland wiedergab, versuchte der Franzose Le Play die wirtschaftlichen Strukturen der Familien zu beschreiben, machte genaue
Erhebungen zu den Familienbudgets und erstellte und analysierte Fa-
milienmonographien. Seine Methode wurde für die Sozialstatistik und
die empirische Sozialforschung des 19. und frühen 20. Jahrhunderts
vorbildlich. In seiner Nachfolge entstand auch in Deutschland eine
Reihe sozialstatistischer Untersuchungen [z.B. 112: SCHNAPPER-
ARNDT, Fünf Dorfgemeinden], an die sich in der Folgezeit breitere
demographische Untersuchungen zu Heiratsalter, Kinderzahl und zur
„Moralstatistik" anschlossen.

Trotz seiner wissenschaftlichen Methode war auch Le Plays Aus-
wertung ideologisch geprägt. Er idealisierte Familienformen, in denen
von den Kindern die Unterordnung unter die langfristigen Ziele der Familie verlangt wurden – gewissermaßen als Modell für die Unterordnung des Bürgers unter die höheren Ziele der Nation. Als Ergebnis seiner Untersuchungen kam Le Play zu drei Familientypen: die „patriarchalische Familie" (famille paternelle), in der sämtliche Söhne auch
nach der Heirat im väterlichen Haushalt blieben und weiterhin der Au-
toriät des Vaters unterstellt waren; die „instabile Familie" (famille ins-
table), bei der die Kinder so früh wie möglich den Familienverband
verließen und sich selbständig machten; die „Stammfamilie" (famille
souche), in der eines der Kinder bei den Eltern blieb und mit ihnen und
den eigenen Kindern in einem Dreigenerationenhaushalt zusammen-
wohnte.

Die „famille souche", also die Form der auf familialem Eigentum
beruhenden ländlichen Anerbenfamilie mit intergenerationeller Solidarität, war Le Plays Ideal. Diese Familienform deckte sich auch weitgehend mit Riehls Vorstellung vom ganzen Haus. Diesem Ideal entsprach
die moderne städtische Arbeiterfamilie nicht. Ihr wesentliches Kennzeichen war für Le Play eine seiner Meinung nach strukturelle Instabilität, da sie nur auf den emotionalen Partnerbeziehungen und nicht auf
dem Eigentum basiere und ihr der generationenübergreifende Fami-
liensinn und die Fürsorgebereitschaft daher verloren gegangen seien.
Die stabile „famille souche" dagegen finde sich noch bei Arbeitern mit
agrarischem Nebenerwerb. Auf dessen Stärkung im Rahmen der französischen Familienpolitik zielte Le Play vor allem ab [16: LE PLAY, Les
Ouvriers; 180: SCHWÄGLER, Soziologie, 42 ff.; 74: SEGALEN, Familie,
16].

Marginalien:

Frédéric Le Play

ideologischer
Hintergrund bei
Le Play

1.1.2   Durkheim, Parsons und die Entstehung der modernen Gattenfamilie

Einen wichtigen Schritt für die Entwicklung einer wissenschaftlichen Familiensoziologie bedeuteten die Arbeiten des französischen Soziologen Emile Durkheim (1858–1917). Mit ihm lassen manche Darstellungen die Familiensoziologie im modernen Sinne erst beginnen [171: KÖNIG, Soziologie, 7]. Auf der Grundlage verschiedener rechtsgeschichtlicher und ethnologischer Arbeiten zur Entwicklung der Erbsitten, der Heirats- und Verwandtschaftsregeln meinte Durkheim feststellen zu können, daß es eine Entwicklung der Familie gegeben habe. Sie lasse sich als zunehmende Konzentration oder als Kontraktion von großen Clans über mehrgenerationell erweiterte Stammfamilien (famille paternelle) bis zu einer aus den Verwandtschaftsbindungen weitgehend herausgelösten, isolierten modernen Gattenfamilie (famille conjugale) beschreiben. Mit diesem Schrumpfungsprozeß seien ein Rückzug der Familie in die Privatsphäre und eine Stärkung und Intensivierung der Beziehungen der Ehepartner verbunden gewesen, die von Durkheim – im Gegensatz zu Riehl oder Le Play – allerdings positiv beurteilt wurden [5: DURKHEIM, La famille conjugale, 14].

Beginn der modernen Familiensoziologie bei E. Durkheim

Durkheim stimmte – trotz aller Unterschiede und ideologischen Differenzen – mit Riehl und Le Play in der Überzeugung überein, daß sich im Laufe der Geschichte ein Wandel der Familienverfassung vom „ganzen Haus" zur modernen Gatten- oder Kernfamilie vollzogen habe und daß dieser Wandel in seiner letzten Stufe ganz wesentlich durch den Industrialisierungsprozeß beeinflußt worden sei. Der Wandel lasse sich zugleich als Kontraktion einer angenommenen vorindustriellen Großfamilie zu einer modernen Kleinfamilie fassen. Diese Kontraktionstheorie, die bei keinem der genannten Autoren auf genauen quantitativen Untersuchungen basierte, hielt sich bis in die moderne Familiensoziologie der Zeit nach dem Zweiten Weltkrieg [72: SCHELSKY, Wandlungen, 18; 174: NEIDHARDT, Familie, 31; 179: ROSENBAUM, Bedeutung, 47]. In ihrer kritischen Überprüfung und Widerlegung tat sich eines der ersten und fruchtbarsten Felder der historisch-demographischen Familienforschung auf. Sie hat sich seit den 1970er Jahren intensiv mit den Fragen der Familien- und Haushaltsgrößen auseinandergesetzt und kam zu sehr differenzierten Ergebnissen [s.u. Kap. II.1.2].

Kontraktionstheorie

Nach Durkheim war der Prozeß der Kontraktion der Familie zugleich verbunden mit einem gravierenden Wandel ihrer Stellung in der Gesamtgesellschaft. Die Familie habe aufgrund fortschreitender gesellschaftlicher Arbeitsteilung einen großen Teil ihrer traditionellen Auf-

gabenfelder (Produktion, Religion, Erziehung usw.) an andere gesellschaftliche Institutionen verloren.

    Dieser Teil der Durkheimschen Theorie wurde von der Familien-
soziologie des 20. Jahrhunderts in verschiedener Weise aufgegriffen
und weitergeführt. Die strukturfunktionalistisch ausgerichtete Soziologie hat auf der Grundlage von Talcott Parsons' Konzept der funktiona-

funktionale Differenzierung bei Parsons len Differenzierung der Gesellschaft die Ausdifferenzierung der modernen privatisierten Kernfamilie zu einem „nur ihren eigenen Funkti-
ons- und Handlungskontext ... umfassenden funktionalen Teilbereich"
herausgearbeitet [185: TYRELL, Probleme, 394; vgl. auch 176: PARSONS,
Family, 10 ff]. Das heißt, daß die Familie eine „relative Autonomie" gegenüber anderen Teilbereichen der Gesellschaft in dem Sinne erlangt
habe, daß diese keine Kompetenz zur Einmischung und sozialen
Kontrolle über den Teilbereich Familie mehr besäßen. Kirche, Staat,
Wirtschaft usw. waren in den traditionalen Gesellschaften des Ancien
Régime in der Tat eng mit der Familie verzahnt oder basierten auf ihr.
In der Moderne folgen sie nun alle zunehmend ihren eigenen Gesetzen
als eigenständige Teilbereiche der Gesellschaft. Die Konsequenzen da-

Funktionsverlust der Familie von hat man auch als Funktionsverlust der Familie bezeichnet [175:
OGBURN, Ursachen]. Darüber hat sich eine breite Diskussion sowohl in-
nerhalb der Familiensoziologie [70: ROSENBAUM, Seminar, 18 ff.; 185:
TYRELL, Probleme, 395 f.] wie auch zwischen Soziologie und Sozialgeschichte der Familie ergeben [s.u. Kap. II.1.3].

1.1.3 Sozialistische Familientheorien

Durkheims Theorie war Ausdruck des von Darwin geprägten Entwick-

Entwicklungs-theorien bei Bach-ofen und Morgan lungsdenkens des 19. Jahrhunderts. Darin ähnelte er älteren Theoretikern wie Johann Jakob Bachofen (1815–1887), der anhand seiner Ent-
deckung mutterrechtlicher Traditionen in der griechischen Mythologie
eine Entwicklung vom Mutter- zum Vaterrecht als Stufen des zivilisa-
torischen Fortschritts konstruierte. Ähnliche Ansätze finden sich auch
bei der frühen Ethnologie, vor allem in dem Werk von Lewis H. Morgan [18: MORGAN, Ancient Society], auf die Friedrich Engels in seiner
1884 veröffentlichten Studie „Der Ursprung der Familie, des Privateigentums und des Staates" zurückgriff.

    Engels führte darin den Übergang von größeren Clans oder auch
mutterrechtlichen Verbänden zur monogamen Familie mit patrilinealer
Abstammungsfolge auf die Ausbildung des Grundeigentums und der

Entwicklungs-theorien bei Engels Sklaverei zurück. Das patrilineale Verwandtschaftsprinzip verkörperte
für Engels sowohl die Bedeutung der Akkumulation und Vererbung
von Privateigentum als auch die Herrschaft des Mannes über die Frau.

Der Übergang zur monogamen Gattenehe war nach Engels daher keine Folge der individuellen Geschlechtsliebe, sondern Ausdruck der Durchsetzung ökonomischer Kriterien bei der Partnerwahl. Damit habe zugleich die Tätigkeit der Frau im Haushalt ihren öffentlichen Charakter verloren und sei ein Privatdienst, die Frau die „erste Dienstbotin", geworden. Die Grundlage der modernen Einzelfamilie sei die „offene oder verhüllte Haussklaverei der Frau". In der modernen Industriegesellschaft schließlich unterliege die Frau in der Ehe einem ähnlichen Ausbeutungsverhältnis durch den Mann wie der proletarische Arbeiter durch den Kapitalisten. Im Gegensatz zu Bachofen konnte Engels daher in dem Untergang des Mutterrechts keinen Fortschritt sehen, sondern nur „die weltgeschichtliche Niederlage des weiblichen Geschlechts" [8: ENGELS, Ursprung, 61, 75 f.]. *Zusammenhang von Privateigentum und Ausbeutung der Frau*

Mit dieser Argumentation knüpfte Engels an die prinzipielle Familienkritik verschiedener frühsozialistischer Theoretiker wie Charles Fourier und Wilhelm Weitling an. Aus der Tradition der radikalen Aufklärung herkommend, verwarf Fourier nicht nur die soziale und politische Unterordnung der Frau unter den Mann, sondern lehnt die Familie insgesamt ab. Sie war für ihn eine Instanz, die durch die Verknüpfung von Eigentums- und Geschlechtsverhältnissen zur „ärgsten Brutstätte aller Falschheit" geworden ist. „Liebesbeziehungen und Genuß" seien in der Ehe mit „Langeweile, Käuflichkeit und Treulosigkeit" belastet. Fourier wollte den isolierten Haushalt und die unauflösliche Ehe daher durch eine sozietäre Ordnung ersetzen, in der „die organisierte Arbeit mit der Liebe vereint ist" [11: FOURIER, Theorie, 131, 166 f., 242]. Die feministische Frauen- und Familienforschung und die allgemeine feministische Kritik an der bürgerlichen Familie nahmen in den 1960er Jahren diesen Strang sozialistischer Familientheorie wieder auf. Daraus entwickelte sich eine lange und komplexe Debatte über den Primat von Klassen- oder Geschlechterwiderspruch [s.u. Kap. II.4.]. *Familienkritik bei Fourier*

In der marxistischen Theorie herrschte bis in die Programmatik der Arbeiterbewegung hinein eine zumindest rhetorische Einmütigkeit bezüglich der Ablehnung bürgerlicher Familienverhältnisse und eine Forderung nach der Gleichberechtigung von Mann und Frau [3: BEBEL, Frau; zum Alltag vgl. dagegen 104: KUHN, Familie]. Dennoch ist es zu einer wirklich ausdifferenzierten marxistischen Theorie der Familie, die den Zusammenhang zwischen Wirtschafts- und Familienstruktur, die ökonomische Bedeutung der Hausarbeit und die außerökonomischen, kulturellen Aspekte der Familie umfaßt hätte, nicht gekommen. Obwohl Engels selbst den dialektischen Zusammenhang zwischen Wirtschafts- und Familienstruktur in seinem berühmte Diktum von der *Mängel marxistischer Familientheorien*

„doppelten Reproduktion" des Lebens über Arbeit und Familie selbst angesprochen hat [8: ENGELS, Ursprung, 27 f.], wurden daraus weder in der marxistischen Familienforschung noch in der Politik Konsequenzen gezogen. Die Konzentration auf die von Marx festgestellte, angebliche „Auflösung des alten Familienwesens innerhalb des kapitalistischen Systems" [17: MARX, Kapital, 514] hat dazugeführt, daß Familie nur in Abhängigkeit von der wirtschaftlichen und technischen Entwicklung gesehen wurde und nicht als eine eigenständige gestaltende Kraft der sozialen und biologischen Reproduktion des Menschen.

Kritik marxistischer Theorien bei Cajanov

Eine interessante Gegenposition hatte die Marx'sche Theorie allerdings in den 1920er Jahren in der Sowjetunion durch A. Cajanov erhalten, der in seiner „Lehre von der bäuerlichen Wirtschaft" die Eigenständigkeit der bäuerlichen Produktionsweise in Rußland aufzeigen (und die bäuerlichen Betriebe dadurch vor den Zwangskollektivierungen bewahren) wollte. Bäuerliche Produktionsweise sei weder sozialistisch noch kapitalistisch, sei nicht am Profit, sondern an den Subsistenzbedürfnissen der Familie orientiert. Die Arbeit im bäuerlichen Haushalt sei daher auch keine Lohnarbeit. Die Familie wird von Cajanov vielmehr als eine Produktions- und Konsumeinheit im Sinne der älteren Lehre des „ganzen Hauses" gesehen mit einer hohen Bereitschaft zur Anspannung sämtlicher Arbeitskräfte und zur Selbstausbeutung in Zeiten der Krise [80: CAJANOV, Lehre].

Zusammenhang mit Protoindustrialisierungs-Debatte

Die Theorie Cajanovs wurde in den 1970er Jahren von Franklin Mendels, Theodor Shanin und schließlich auch in Deutschland von Peter Kriedte, Hans Medick, Jürgen Schlumbohm und anderen fruchtbar gemacht für die Analyse der Bedeutung der Familienwirtschaft im Prozeß der Protoindustrialisierung, also der noch bis weit in das 19. Jahrhundert hinein hauswirtschaftlich organisierten Massenproduktion vor allem von Textilien auf dem Land [84: KRIEDTE u. a., Industrialisierung; 85: KRIEDTE u. a., Sozialgeschichte; 86: MAGER, Protoindustrialisierung; 99: TROSSBACH, Bauern, 58 ff.]. Für die historische Familienforschung besonders bedeutsam ist die Tatsache, daß dieser theoretische Ansatz inzwischen in einer Reihe von Lokal- und Regionalstudien überprüft wurde, die – einem mikrohistorischen Ansatz folgend – die Wirtschaftsweise, das demographische Verhalten, die Heirats- und Erbschaftsstrategien und die kulturelle Reproduktion dieser Familien in ihrem Zusammenhang untersuchten. Die bisher vorgelegten Ergebnisse können den sowohl in der marxistischen wie in der konservativen Familiensoziologie verbreiteten Topos, daß es im Rahmen der Frühindustrialisierung gewissermaßen zu einem Zusammenbruch der alten Familien- und Verwandtschaftsstrukturen gekommen sei, eindrucksvoll widerlegen. Inzwischen kann gerade diese Übergangsformation zwischen Bauern- und Arbeiterfamilie als der am besten erforschte Bereich der neueren Familiengeschichte gelten [s.u. Kap. II.2.1].

In ganz anderem Zusammenhang wurden die Marxschen Ansätze in den 1930er Jahren von der „Frankfurter Schule" um Max Horkheimer aufgegriffen und weiterentwickelt. Ihnen ging es um die nähere Bestimmung der bei Marx und Engels vernachlässigten sozialen Reproduktionsleistung der Familie. In ihren berühmten „Studien über Autorität und Familie" sprachen diese Arbeiten der Familie und den in ihr ablaufenden Kommunikations- und Sozialisationsprozessen wesentliche Bedeutung für die Stabilisierung der kapitalistischen Wirtschafts- und Gesellschaftsordnung zu: „Die Familie besorgt, als eine der wichtigsten erzieherischen Mächte, die Reproduktion der menschlichen Charaktere, wie sie das gesellschaftliche Leben erfordert". Auf der anderen Seite verkörperte gerade auch die bürgerliche Familie für Horkheimer immer ein Stück Utopie, eine Gegenwelt zur marktbestimmten, entfremdenden Gesellschaft, weil der einzelne hier „nicht nur als Funktion, sondern als Mensch" wirken könne [12: FROMM u. a., Studien, 50 f., 63]. Von diesem Ansatz her ergaben sich wichtige Anregungen für eine kritische historische Sozialisationsforschung (s.u. Kap. II.3.).

Familientheorien der Frankfurter Schule

1.2 „Der Mythos von der vorindustriellen Großfamilie"

Riehl, Le Play und Durkheim und mit ihnen viele moderne Familiensoziologen gingen in ihren Evolutionstheorien von einer mehr oder weniger gradlinigen Entwicklung von großen Familieneinheiten zu kleineren aus. Diese Kontraktion der Familien schien im Zeitalter der Industrialisierung in eine entscheidende Phase getreten zu sein. Alle Autoren unterschieden große vorindustrielle Familien von kleinen modernen. Die Größe vorindustrieller Familien schien dabei durch zwei Faktoren bestimmt: zum einen durch eine höhere Kindzahl der Ehepaare, zum anderen durch die Erweiterung der Familien zu Mehrgenerationenhaushalten bzw. auch durch die Hereinnahme von unverheirateten Geschwistern und Gesinde. Die Kontraktion der Familie hätte danach zwei Prozesse umfaßt, die auf ganz unterschiedlichen Ebenen anzusiedeln sind und analytisch getrennt werden müssen: den Rückgang der Geburtenzahl pro Ehe und den Rückgang erweiterter Familienhaushalte bzw. die Durchsetzung der aus Eltern und Kind(ern) bestehenden Kernfamilie zur „Normeinheit" des Familienhaushalts.

soziologische Kontraktionstheorie

1.2.1 Kontraktion der Familie durch Geburtenrückgang?

In der Bundesrepublik kamen 1985 120 Geburten auf 100 Frauen. Die Geburtenrate lag damit unter der Sterblichkeitsrate, und die Bundesrepublik war „Weltmeister" in der Empfängnisverhütung [42: GEISSLER, Sozialstruktur, 289]. Dieser niedrige Wert fügt sich ein in einen säkularen Trend rückläufiger Geburtenzahlen, der nach der Mitte des 19. Jahrhunderts einsetzte und sich nach einer kurzen familienfreundlichen Gegenbewegung in der Zeit nach dem Zweiten Weltkrieg dann seit 1965 mit dem sogenannten Pillenknick drastisch verschärfte. Auf jede der im Jahr 1899 geschlossenen Ehen kamen durchschnittlich noch 4,89 lebend geborene Kinder, auf die des Jahres 1910 noch 3,02 und auf die von 1930 noch 2,17. Nach einem Rückgang auf unter 2 lebend geborene Kinder pro Ehe während der Kriegsjahre erholten sich die Werte in der Nachkriegszeit ungefähr auf den Vorkriegsstand, um dann nach 1965 rasch auf durchschnittlich unter 1,5 Kinder pro Ehe zu fallen.

Vor dem Hintergrund dieses säkularen Geburtenrückgangs stellte sich für die Einschätzung der Familiengrößen die Frage, wie groß die Kinderzahl im 19. Jahrhundert vor dieser Trendwende war. Dies war im wesentlichen eine Frage nach der Geburtenhäufigkeit und besonders nach der Höhe der Kinder- und Jugendlichensterblichkeit. Die Methode, mit der die Historische Demographie diesen Fragen nachging, war die vor allem von dem französischen Demographen Louis Henry entwickelte sogenannte Familienrekonstitution [138: IMHOF, Einführung, 18 ff., 101; 153: PFISTER, Bevölkerungsgeschichte, 63]. Familien-

rekonstitution bedeutet, daß aus den verschiedenen Kirchen- bzw. Standesamtsregistern die Eintragungen über Geburt, Hochzeit und Tod für eine Familie zusammengestellt werden. So lassen sich Heiratsalter, Kinderzahl, Kindersterblichkeit, intergenetische Intervalle, also der Abstand zwischen den Geburten, berechnen und Fragen nach der Größe der Kernfamilie präzise beantworten [41: BOLTE, Deutsche Gesellschaft, 135].

Schaut man zunächst auf die durchschnittlichen Geburtenziffern pro Ehe, so stößt man in ländlichen wie in städtischen Gebieten im 19. Jahrhundert auf durchschnittlich 5 bis 6 Kinder pro Ehe, je nachdem, ob man nur die Erstehen zählt oder auch die Zweitehen mit einbezieht [83: KASCHUBA/LIPP, Überleben, 511; 143: KNODEL, Demographic Behaviour, 371]. Dazu muß man jedoch die hohe Kindersterblichkeit berücksichtigen. In den meisten Gebieten starben zwischen 30 und 50% aller Kinder zwischen ihrem ersten und fünften Lebensjahr. So reduzierte sich die Kinderzahl erheblich, und man muß von durchschnittlichen Familiengrößen ausgehen, die im ländlichen wie im städtischen Bereich bei ca. 3,5 Kindern pro Ehe lagen [143: KNODEL, Demographic Behaviour, 355]. Trotz aller regional-, konfessions- und schichtspezifischer Differenzierungen kann daher von einer allgemein hohen Kinderzahl in vorindustrieller und frühindustrieller Zeit nicht die Rede sein. Bedenkt man noch, daß im 19. Jahrhundert zugleich viele Kinder frühzeitig den elterlichen Haushalt verließen, um entweder als Knechte oder Mägde in Dienst zu gehen oder aber sich anderweitig einen Lebensunterhalt zu verdienen, dann wird deutlich, daß die Vorstellung von „vorindustriellen Großfamilien" im Sinne einer besonders kinderreichen Familie in der Realität keine Entsprechung hatte.

geringe durchschnittliche Kinderzahl

1.2.2 Rückgang erweiterter Haushalte oder Familienzyklus?

Mit der Überprüfung der Haushaltsstrukturen hatte sich zuerst die britische Forschung, ganz besonders die 1966 gegründete „Cambridge Group for the History of Population and Social Structure" um Peter Laslett, beschäftigt. Auf der Grundlage von Stichproben aus 100 englischen Gemeinden aus der Zeit vom ausgehenden 16. Jahrhundert bis ins 19. Jahrhundert konnte gezeigt werden, daß die durchschnittlichen Haushaltsgrößen vom 16. bis ins frühe 20. Jahrhundert hinein mit 4,75 Mitgliedern in England relativ konstant blieben [146: LASLETT, Mean household size, 130ff.]. Diese Zahlen belegten, daß es *die* vorindustrielle Großfamilie auch im Sinne eines um Großeltern, Geschwister oder andere Verwandte und Dienstboten erweiterten komplexen Haushalts so gar nicht gegeben hatte und daher die Industrialisierung auch keine rasche Verringerung der Haushaltsgrößen auslösen konnte.

erweiterte Familienhaushalte?

Zeigten die englischen Untersuchungen – trotz einiger methodischer Zweifel bezüglich der von Laslett vorgenommenen Abgrenzung von Haushaltseinheiten -, daß erweiterte Familien in England nicht die Regel waren, so machte sich relativ rasch Skepsis bezüglich des Umkehrschlusses breit, daß nämlich die aus Eltern und unverheirateten Kindern bestehende Kernfamilie in Westeuropa immer und überall der vorherrschende Haushaltstyp gewesen sei. Lutz K. Berkner machte anhand von österreichischem Material darauf aufmerksam, daß die Klassifizierung von Familien nach der synchronen Momentaufnahme eines Zensus die Tatsache verdeckte, daß in Wirklichkeit die Form des erweiterten Familienhaushalts eine Phase war, die im Leben vieler Bauernfamilien für eine bestimmte Zeit eintrat, in der das junge Paar mit seinen Kindern und den alternden Großeltern bis zu deren Lebensende zusammenlebte [132: BERKNER, Stem family].

Skepsis gegenüber Lasletts Ergebnissen

soziologische Familienzyklusforschung

An die Stelle von Untersuchungen zum statistischen Durchschnitt der Haushaltsgrößen traten nun solche zum Wandel der Haushaltsstrukturen im Laufe des Familienzyklus. Mit dem Konzept des Familienzyklus wurde in der Historischen Demographie ein Thema aufgegriffen, das in der Familiensoziologie bereits um die Jahrhundertwende entdeckt und seit den 1950er Jahren in der Forschung wieder ausführlich diskutiert worden war. Es beschäftigt sich mit den für den Gestaltwandel der Familie im Laufe eines Lebens typischen Phasen und Zäsuren. Heute weisen diese Familienzyklen in Industriegesellschaften schichtübergreifend ein hohes Maß an Übereinstimmung auf [Zusammenfassung bei 171: KÖNIG, Familie, 115 ff.; 155: SCHELLER, Familienzyklus, 151 ff.]. Allerdings zeigte sich bald, daß der Vielfalt historischer Familienformen auch eine Vielzahl möglicher Familienzyklen entsprach. Außerdem sind viele modernen Zäsuren im Familienzyklus (Kindergarten, Schulbesuch usw.) nicht mit denen früherer Zeiten kompatibel [66: MITTERAUER/SIEDER, Patriarchat, 66 ff.; 34: FREITAG, Haushalt, 10 ff.].

Vielfalt historischer Familienzyklen

Berkners Ansatz der Familienzyklusforschung wurde vor allem durch Michael Mitterauer weitergeführt, der durch einen Vergleich ländlicher und städtischer Haushaltslisten aus dem Salzburger Gebiet zeigen konnte, daß die Kernfamilie hier keineswegs der dominante Familientyp war. Im Verlauf der Frühen Neuzeit war in der Stadt Salzburg die Zahl der aus Kernfamilien bestehenden Haushalte sogar rückläufig. Die bürgerlichen Familien der Stadtmitte neigten dort eher zu erweiterten Familienformen, während in den am Stadtrand siedelnden Unterschichten kernfamiliale Haushaltsformen häufiger waren. Von den erweiterten Haushaltsformen wiederum mußte man je nach Stadium im Familienzyklus unterscheiden, ob sie eher durch Verwandtschaft oder durch Gesinde erweitert waren. Dreigenerationenfamilien waren vor allem sogenannte Ausgedingfamilien, also Familien, bei denen die Leitung des Hofes bei der mittleren Generation lag, die nach der Übergabe einen oder beide Elternteile zu versorgen hatte. In der Stadt Salzburg waren solche Ausgedingfamilien praktisch auch im Handwerk unbekannt. Hier fand sich lediglich die Versorgung eines überlebenden Elternteils, meist der Mutter, durch den neuen Betriebsinhaber. Der Großteil der erweiterten Haushalte war jedoch nicht durch Verwandtschaft, sondern durch Gesinde erweitert. Über 33% der Familien in Salzburg hatten 1794 Gesinde, auf dem Land lag dieser Wert meist bei 50%. Insgesamt zeigt sich an diesem Beispiel für das Ende des 18. Jahrhunderts eine außerordentliche Vielfalt von unterschiedlichen Familientypen, die teilweise als Stufen im Familienzyklus begriffen werden können, teilweise jedoch auch determiniert waren durch die soziale Lage und

den bedeutenden Stadt-Land-Unterschied [150: MITTERAUER, Vorindustrielle Familienformen; 151: MITTERAUER, Familiengröße].
Wie verlief die Entwicklung im 19. und 20. Jahrhundert? Für die
bäuerliche Familie hat sich das von Mitterauer gezeichnete Bild im
Prinzip bis ins frühe 20. Jahrhundert hinein nicht wesentlich verändert.
Dreigenerationenfamilien waren eher selten, die Erweiterung durch
Gesinde – je nach Region – üblich. Erst im 20. Jahrhundert schwand
durch die zunehmende Mechanisierung der Landwirtschaft die Bedeutung des Gesindedienstes, dagegen hat sich die Zahl der Dreigenerationenhaushalte nun erhöht. Durch die zunehmende Lebenserwartung der
Elterngeneration und das sinkende Heiratsalter bei den Kindern stieg
die Wahrscheinlichkeit, daß mehr als zwei Generationen auf einem Hof
lebten, stetig an. Zugleich hat sich die bis ins 19. Jahrhundert in den
meisten Regionen weit verbreitete Sitte, daß mit der Heirat des Hoferben auch die Übergabe der Leitung des Hofes an die nächste Generation verbunden war, im 20. Jahrhundert deutlich verändert. Nach einer
Untersuchung bäuerlicher Familienbetriebe in Deutschland aus den
1960er Jahren warteten 41% der Jungbauern aus der Altersgruppe von
25 bis 36 Jahren noch auf die Hofübergabe, gleichzeitig waren 50% der
über 1000 untersuchten Bauernfamilien Dreigenerationenhaushalte.
Außerdem waren solche trigenerativen Haushalte häufig noch durch
entferntere Verwandte erweitert. Im Bundesdurchschnitt dagegen um-
faßten nur 7% aller Haushalte drei Generationen [90: PLANCK, Familienbetrieb, 51 ff., 56; 24: STATISTISCHES BUNDESAMT, Statistisches Jahrbuch 1961, 50].

Zunahme bäuer-
licher Dreigeneratio-
nenhaushalte

Die Entwicklung in der Landwirtschaft war jedoch aufgrund der
hohen Bedeutung der Vererbung von Grund und Boden eine Ausnahme. Im Handwerk bestätigte sich auch für das 19. Jahrhundert der
von Mitterauer festgestellte geringe Anteil von Dreigenerationenhaushalten. Die Übergabe von Werkstatt und Gebäude hatte meist nur in den
Branchen mit einer hohen und teuren Betriebsausstattung
dazu geführt, daß der Sohn die Werkstatt des Vaters übernahm. In der
Regel überwog auch im Handwerk die sogenannte Neolokalität, also
die Gründung eines eigenständigen Haushalts durch den heiratenden
Sohn [102: EHMER, Traditionen, 229 ff.]. Präzise Untersuchungen zu
den Haushaltsstrukturen des städtischen Kleinbürgertums im Zeitalter
der Industrialisierung sind allerdings für Deutschland weiterhin ein
Desiderat. Das gilt auch für das Bildungs- und Handelsbürgertum [71:
ROSENBAUM, Formen, 136 ff., 365 ff.].

kaum Dreigenera-
tionenhaushalte im
Handwerk

Die proletarische Familie galt den konservativen Kritikern des 19.
und frühen 20. Jahrhunderts als das Paradebeispiel der modernen, aus

den verwandtschaftlichen Zusammenhängen herausgenommenen, d.h. isolierten und ganz auf sich selbst gestellten Familie. Bereits die sozial- statistischen Erhebungen des frühen 20. Jahrhunderts haben nahege- legt, daß diese Auffassung nicht richtig ist. Die intensive Erforschung der Arbeiterfamilie, vor allem auch durch Oral History, hat in den letz- ten Jahren diese ältere Sichtweise vollends widerlegt. Gerade in der Ar-

Mehrgenerationenhaushalte in der Arbeiterschaft beiterschaft lassen sich vielfach Mehrgenerationenhaushalte nachwei- sen [131: ANDERSON, Household structure, 219 ff.; 114: SCHOMERUS, Family]. Außerdem zeigt sich hier ganz besonders die Beschränktheit eines Konzepts, das sich nur auf den Haushalt als koresidierende Gruppe konzentriert. Im selben Haus oder in der Nachbarschaft woh- nende Eltern oder andere Verwandte haben mit den Familien oft ein enges Netzwerk gebildet und sich gegenseitig bei der Bewältigung der Probleme des Alltags so unterstützt, daß man ihre Bedeutung nicht erfaßt, wenn man lediglich auf Haushaltseinheiten sieht [111: ROSEN-

Nachbarschaft und Verwandtschaft als soziale Netzwerke BAUM, Proletarische Familien, 140 ff.]. Die neuere sozialanthropolo- gisch orientierte Familienforschung bezieht die Verwandtschaft des- halb intensiv mit in die Untersuchung der Familie ein und begreift letz- tere als eingebunden in ein größeres Netz von Beziehungen, die alle ihre Rolle und Funktion „in den Überlebensstrategien verschiedener Klassen und Gruppen" spielen [63: MEDICK/SABEAN, Emotionen, 35; 96: SABEAN, Junge Immen].

Industrialisierung und Urbanisierung haben somit zwar die Wohn- strukturen verändert und über die erhöhte Mobilität sicher auch zur Lockerung mancher Familienbeziehungen geführt, die generelle Be- deutung von Verwandtschaft als Bezugsgruppe und als Solidargemein- schaft aber nicht aufgelöst. Zum Teil mit neuen Aufgaben versehen spielte der größere Familienverband auch in den neuen industriellen Zentren eine wichtige Rolle fürs Überleben gerade der lohnarbeitenden Unterschichten.

Was für die Verwandtschaftsbindung der Familien des 19. und frühen 20. Jahrhunderts galt, das gilt auch für die moderne Familie am Ende des 20. Jahrhunderts. Die Familiensoziologie betont in den letz- ten Jahren immer stärker gegen die ältere, auf die Individualisierung und Isolierung der modernen Kernfamilie abzielende Forschung die

fortdauernde Bedeutung der Verwandtschaft Tatsache, daß Verwandtschaft auch heute für städtische Familien ein wichtiges Bezugssystem geblieben ist. Diese Bedeutung der Verwandt- schaft geht weit über die bekannte Rolle der Großeltern bei der Betreu- ung ihrer Enkel in Haushalten mit zwei berufstätigen Elternteilen hin- aus. Die Verwandtschaft ist immer noch diejenige Bezugsgruppe, die bei Krankheiten, Arbeitslosigkeit und anderen Krisen, aber auch beim

Hausbau, bei der Existenzgründung oder sonstigen Unternehmungen als soziales und wirtschaftliches Netz fungiert und eine psychologische wie soziale Sicherungsfunktion hat [177: PFEIL/GANZERT, Bedeutung; 173: LÜSCHEN, Verwandtschaft, 446 ff.; 170: DIEWALD, Netzwerke, 125 ff.; 167: BIEN, Eigeninteresse; 179: ROSENBAUM, Bedeutung, 54]. Jürgen Kocka hat außerdem schon für das 19. Jahrhundert gezeigt, welche große Bedeutung die Verwandtschaft als Kapitalgeber und als Sicherheit für die frühen industriellen Unternehmer in Deutschland besaß [126: KOCKA, Familie, 140 ff.; vgl. auch 122: GALL, Bürgertum, 461 ff.].

Allerdings muß man in Bezug auf die Gegenwart und die Zukunft sehen, daß der starke Rückgang der Kinderzahlen seit der Mitte der 1960er Jahre die laterale Verwandtschaft (Vettern, Basen, Onkel, Tanten) außerordentlich zurückgehen ließ. Kinder von Eltern, die Einzelkinder waren, haben keine lateralen Verwandtschaftsbeziehungen. Die vergleichsweise frühe Sterblichkeit der Männer reduziert die direkten Vorfahren (Eltern, Großeltern) vielfach auf Frauen. Lüschen spricht von einer zunehmenden „Feminisierung" der Verwandtschaft [173: LÜSCHEN, Verwandtschaft, 444]. | Rückgang der Verwandtschaftsbeziehungen bei Einzelkindern

So hat die Analyse historischer Haushaltsformen zwar zunächst eine wichtige Rolle bei der historischen Kritik makrosoziologischer Modelle familialer Entwicklung gespielt. Inzwischen hat sich die dahinter liegende statische Vorstellung von Familie aber als wenig tragfähig erwiesen und stärker am Familienzyklus bzw. an anderen prozessualen Abläufen orientierten Vorstellungen von Familie als einem stets in Wandlung begriffenen und in vielfältige Bezüge eingebundenen System Raum gemacht [103: KASCHUBA, Lebenswelt, 82]. In einer Rekonstruktion dieser Bezüge und vor allem der Interaktionen der Familienmitglieder innerhalb der Familie wie auch nach außen scheint eine ganz wesentliche Aufgabe auch der zukünftigen sozialhistorischen Familienforschung zu liegen.

1.3 „Funktionsverlust" oder „Funktionsentlastung" der Familie?

Die Leistungen, die die Familie für den Erhalt oder auch die Entwicklung der Gesamtgesellschaft erbringt, bezeichnet man mit der Begrifflichkeit der strukturfunktionalistischen Theorie Talcott Parsons als ihre „Funktionen". Als Charakteristikum der modernen Familie galt der Familiensoziologie der 1950er und 1960er Jahre ihr zunehmender „Funktionsverlust" [s.o. Kap. II.1.1.2]. Vor allem Michael Mitterauer hat vorgeschlagen, diesen wertenden Begriff durch den neutraleren der „Funk-

Funktionsverlust
oder Funktions-
entlastung?

Funktionsentlastung
als langfristiger
Prozeß

Familie als
Privatsphäre

Kritik an der Theorie
der Funktions-
entlastung

tionsentlastung" zu ersetzen [66: MITTERAUER/SIEDER, Patriarchat, 94 ff.]. Der Soziologe Hartmann Tyrell hat in diesem Zusammenhang im Prinzip neutral, aber doch mit einer eher positiven Wendung von einer „thematischen Reinigung" der Familie gesprochen, die nun einen ganz eigenen, familienspezifischen Interaktionsstil entwickeln könne, „aus dem tendenziell die der traditionellen häuslichen Rollenstruktur inhärenten ... ökonomischen, politisch-herrschaftlichen und religiösen Sinnkomponenten und Motivlagen als sinnfremd und teils sogar unmoralisch ausgeschieden werden" [185: TYRELL, Probleme, 397].

Mitterauer wies darauf hin, daß die Abgabe von Familienfunktionen an größere Einheiten wie Gemeinde oder Gesellschaft bzw. Staat ein Vorgang ist, der nicht erst mit der Industrialisierung im 19. Jahrhundert einsetzte, sondern sich durch die gesamte Geschichte verfolgen läßt. Religiöse, militärische oder gerichtliche Aufgaben waren der Familie schon lange abgenommen worden. Die für die Herausbildung der modernen Familie zentrale Funktionsverlagerung war die – mit Ausnahme der Landwirtschaft – praktisch vollständige Trennung von Familie und Produktion im Laufe des 19. und 20. Jahrhunderts. Durch diese Trennung von Familie und Arbeit verloren die Familien ihre direkte Einbindung in die Öffentlichkeit des Wirtschaftslebens und des Marktes und wurden zur reinen Privatsphäre. Die Ausgliederung der Schule und vor allem auch der Berufserziehung hatte diese Privatheitstendenz weiter verstärkt, indem sich die Familie nun ganz auf den stark emotional besetzten Bereich der Primärsozialisation konzentrieren konnte [66: MITTERAUER/SIEDER, Patriarchat, 94 ff.]. Es war vor allem dieser Verlust der Produktionsfunktion und die Konzentration auf das Private und Intime, die bei allen weiterbestehenden schichtspezifischen Unterschieden den Eindruck von der Gleichartigkeit moderner Familien in Industriegesellschaften hervorbrachten.

Allerdings ist diese These vom Funktionsverlust oder der Funktionsentlastung der modernen Familie, vor allem aber die These von ihrer tendenziellen Autonomie und ihrer angeblichen Einheitlichkeit durch die Abkoppelung vom Bereich der Produktion, auch heftig bestritten worden. Vor allem die historisch arbeitende Familiensoziologin Heidi Rosenbaum hat gravierende und im wesentlichen auch überzeugende theoretische Bedenken und empirische Argumente gegen diesen Ansatz vorgebracht: Rosenbaum geht von der grundsätzlichen Prämisse aus, daß „die Gesamtheit der Lebensverhältnisse einer Gesellschaft eine unlösbare Einheit bilden" [70: ROSENBAUM, Seminar, 18]. Im Produktionsprozeß werden daher nicht nur Waren, sondern auch die gesellschaftlichen Verhältnisse geschaffen, unter denen die Menschen leben. Auch die moderne Familie bleibt auf den Produktionsprozeß bezogen, allerdings ist dieser Bezug nicht offensichtlich. Unter dieser Annahme wird es dann methodisch problematisch, die moderne Familie als einen angeblich autonomen gesellschaftlichen Teilbereich herauszulösen und sie mit vorindustriellen, ganz deutlich in den Produktionsprozeß integrierten Familienformen zu vergleichen und die Differenz als „Funktionsverlust" zu bestimmen. Nach Rosenbaum kann man allenfalls von Funktionswandel reden [70: ROSENBAUM, Seminar,18 ff.].

Die These von der Autonomie der Familie hat für Rosenbaum eine deutlich ideologische Funktion. „Die Abkoppelung des Familienlebens von der Produktion verdeckte die weiter bestehenden Abhängigkeiten". Das Beispiel der proletarischen Familie zeigt nach Rosenbaum am deutlichsten, wie sehr die Arbeitsbeziehungen die Familienbeziehungen weiterhin beeinflussen [71: ROSENBAUM, Formen, 482].

Das Neue der modernen Familie scheint somit weniger in ihrer Trennung von der Arbeitswelt zu liegen, als vielmehr in der spezifischen Weise, in der sie mit dieser verbunden ist. Für die Entdeckung dieser spezifisch neuen und verdeckten Verbindung ist allerdings die von Rosenbaum angeführte proletarische Familie gerade das falsche Objekt, denn hier liegen die Verbindungen in der Tat auf der Hand. Der französische Soziologe Pierre Bourdieu macht dagegen in seiner Untersuchung zur bürgerlichen Familie Frankreichs deutlich, daß der Einfluß des Ökonomischen auf die Familie gerade darin besteht, daß dieser Einfluß überhaupt geleugnet werden kann. Erst seine ökonomische Macht ermöglicht dem Bürgertum jenen Habitus der Verleugnung des Ökonomischen, der sich in der Trennung von „Arbeits- und Wohnstätte,... von (männlichem) Außen und (weiblichem) Innen, von Geschäft und Gefühl" äußert [168: BOURDIEU, Unterschiede, 103]. Dieser Habitus, der gewissermaßen als symbolisches Kapital über die Erziehung in der bürgerlichen Familie weitergegeben wird, wird zum Mittel der sozialen Distinktion, ist entscheidend für Partnerwahl und gesellschaftliche Integration und damit auch für den Erhalt der ökonomischen Macht. Bourdieu sieht sehr klar, daß sich auch in entwickelten kapitalistischen Gesellschaften die soziale Plazierung der Individuen weniger über ein völlig neutrales Leistungssystem vollzieht, sondern über die Vererbung von „kulturellem Kapital", das dann auch zu der entsprechenden Leistung innerhalb der staatlichen Schul- und Ausbildungssysteme befähigt.

Aus dieser differenzierten Perspektive Bourdieus stellen sich die Thesen vom Funktionsverlust oder Funktionswandel, von der Einheitlichkeit und der Autonomie der modernen bürgerlichen Familie als eine

Funktionswandel statt Funktionsentlastung

verdeckte Verbindung zwischen Wirtschaft und Familie

Verleugnung des Ökonomischen als bürgerlicher Habitus

relativ naive und oberflächliche soziologische Theorie dar. Eine verfeinerte sozialhistorische Analyse dieser Zusammenhänge ist dringend geboten. Die bisherige sozialgeschichtliche Bürgertumsforschung in Deutschland hat sie aber noch nicht wirklich in Angriff genommen.

1.4 Die soziale „Herkunft" der modernen Kernfamilie

Die Entlastung von den Aufgaben der primären Produktion kennzeichnete nicht nur die bürgerliche, sondern auch die proletarische Familie. In der soziologischen wie in der sozialhistorischen Forschung hat sich daraus eine Diskussion ergeben, welche soziale Schicht gewissermaßen der historische „Trendsetter" einer neuen Familienkonstellation und einer neuen Familienkultur war im Sinne der mit der modernen Kernfamilie einhergehenden Betonung von Privatheit, Intimität und Liebe.

umstrittener Ursprung der modernen Kernfamilie

René König verwies in seiner „Soziologie der Familie" unter Hinweis auf die frühen sozialhistorischen Untersuchungen von Neil J. Smelser [181: SMELSER, Social Change] und Rudolf Braun [79: BRAUN, Industrialisierung] auf die Tatsache, daß Kernfamilien als dauerhafte Familienform in den gewerblichen Unter- und Mittelschichten und in den ländlichen Unterschichten lange vor der Industrialisierung die Regel gewesen seien. Die Kernfamilie sei deshalb nicht das Ergebnis der Industrialisierung und sei auch nicht eine Familienform, die sich von den oberen Gesellschaftsschichten, vom Bürgertum oder gar dem Adel nach „unten" hin ausgebreitet hätte, sondern in den gesellschaftlichen

Kernfamilie als Generalisierung der Arbeiterfamilie

Unterschichten entstanden sei. In dieser Unterschichten-Kernfamilie habe das Gattenpaar die zentrale und einzig permanente Zone der Familie dargestellt, zugleich habe sich der Charakter der Ehe geändert und sei zu einer intimen und persönlichen Übereinkunft der beiden Partner geworden [171: KÖNIG, Soziologie, 70 ff.].

Diese Auffassung Königs, daß die Entwicklung der modernen Gattenfamilie ganz wesentlich eine Folge der „Universalisierung des Familientyps der Unterklassen", also ein Ergebnis des „Aufstiegs" der Arbeiterfamilie gewesen sei, wurde von dem amerikanischen Historiker Edward Shorter aufgegriffen und radikalisiert [172: KÖNIG, Alte Probleme, 15; 75: SHORTER, Geburt; 184: TYRELL, Familienforschung, 684 f.]. Shorter meinte, in den frühindustriellen Unterschichten hätten sich – aufgrund der Freisetzung der Arbeiter von allen Eigentumsbindungen – „romantische Liebe" bei der Partnerwahl und ein neues, affektbetontes Ehemodell am frühesten durchsetzen können [75: SHORTER, Geburt, 292 ff.]. Auch die Mutter-Kind-Beziehungen seien emotionalisiert worden, wobei hier allerdings auch von Shorter den Oberschichten ein gewisser Vorsprung eingeräumt wurde [236: SHORTER, Wandel, 286].

Nun war zwar mit Sicherheit die Lebensform der Kernfamilie – also das Zusammenwohnen von Eltern und unverheirateten Kindern ohne weitere Familienmitglieder oder Gesinde – in den ländlichen und städtischen Unterschichten am weitesten verbreitet, auch hatten hier die Partner mit der Partnerwahl am wenigsten Rücksicht auf übergeordnete familiäre Interessen zu nehmen. Dennoch ist sowohl von soziologischer als auch von historischer Seite wohl zu Recht an beiden Autoren kritisiert worden, daß der moderne Typ der privatisierten intimen Kernfamilie „bis in die ihn bestimmende Begrifflichkeit hinein ganz entschieden bürgerlichen Ursprungs" sei [184: TYRELL, Familienforschung, 685; außerdem 185: DERS., Probleme]. Diese Auseinandersetzung, die vor allem die Forschung der späten 1970er und frühen 1980er Jahre geprägt hat, ist nicht klar entschieden und läßt sich wohl auch nicht entscheiden. Als Forschungstrends sind jedoch deutlich geworden, daß der emotionalen Liebes- und Familienrhetorik im Bürgertum des ausgehenden 18. und frühen 19. Jahrhunderts in der Realität oft sehr nüchterne Kriterien der Partnerwahl zugrunde lagen [120: BORSCHEID, Geld und Liebe]. Umgekehrt wird immer stärker darauf verwiesen, daß das alte bürgerliche Klischee der weitgehend gefühllosen und abgestumpften Beziehungen in der Familie der proletarischen Unterschichten der Realität keineswegs entsprochen hat. Vielmehr wird hier, sowohl was die Partner- als auch was die Eltern-Kind-Beziehungen anbelangt, aufgrund autobiographischer Zeugnisse ein sehr differenziertes Bild der Bedeutung emotionaler Beziehungen in der Arbeiterfamilie gezeichnet [111: ROSENBAUM, Proletarische Familien, 200 ff.]. Die neueste Forschung ist allerdings besonders darauf bedacht, gerade auch bei der Partnerwahl den Gegensatz zwischen Emotion und materiellen Interessen zu überwinden und stärker auf die tatsächlichen Interaktionen und Strategien zu achten [63: MEDICK/SABEAN, Emotionen].

intime Kernfamilie als bürgerliches Familienideal

Gefühlsbeziehungen in der Arbeiterfamilie

1.5 Die postmoderne Familie – Wiederkehr der Vielfalt?

Talcott Parsons' Theorie der Ausdifferenzierung einer einheitlichen modernen intimisierten Kernfamilie ging aus von dem Vorbild der weißen amerikanischen Mittelschichtfamilie der Nachkriegszeit. Die Fixierung der strukturfunktionalistischen Systemtheorie auf die Frage der Erhaltung sozialer Systeme ließ einen möglichen zukünftigen Wandel der Familie nicht ins Blickfeld rücken. Dieser Wandel der Familie ist

Wandel der Familie
in der Gegenwart im letzten Drittel unseres Jahrhunderts jedoch unübersehbar geworden. Der Soziologe Trutz von Trotha hat die interessante These aufgestellt und begründet, daß es in den letzten beiden Jahrzehnten zu einer Umkehr der Entwicklungen des 19. und frühen 20. Jahrhunderts gekommen sei [182: VON TROTHA, Wandel]. Er macht dies im wesentlichen an drei Punkten fest:

Erstens weicht das Modell der einheitlichen privatisierten und intimisierten Kernfamilie wieder einer erneuten Vielfalt von Familienfor-
erneute Vielfalt men. Die „Einheitlichkeit der Haushaltsorganisation auf der Grundlage der Kernfamilie" ist „zu Ende". Denn zum einen wächst der Anteil der kinderlosen Ehen ständig an. Er wird bis zum Jahr 2000 in der Bundesrepublik voraussichtlich ein Drittel aller Ehen ausmachen. Zum anderen steigt die Zahl der nichtehelichen Lebensgemeinschaften ständig (zwischen 1980 und 1985 um 40%), ebenso die Zahl der alleinerziehenden Männer und Frauen (zwischen 1975 und 1986 um 27% auf ca. 1 Million). Schließlich führt gerade die zunehmende Zahl der Alleinerziehenden sowohl zur Ausbildung neuer Formen komplexer Haushalte durch die Gründung von Wohngemeinschaften, andererseits nimmt auch die Bedeutung der Verwandtschaft als soziales Netz wieder zu. Da hierbei getrennte Haushaltsführung überwiegt, spricht von Trotha von einer „supplementären Mehrgenerationenfamilie". Das Standardmodell der Gattenfamilie der 1950er Jahre ist nach von Trotha durch eine Pluralität möglicher Lebensformen abgelöst worden, die an die Vielfalt vorindustrieller Haushaltsformen erinnert.

Zweitens ist die postmoderne Familie nach von Trotha gekenn-
erneute Unbeständigkeit zeichnet durch eine „Wiederkehr der Unbeständigkeit". War die Familie noch des 19. Jahrhunderts durch häufig frühen Tod eines Partners und folgende Wiederverheiratung, aber auch durch ständig wechselndes Gesinde in ihrer Zusammensetzung einem dauernden Wandel unterworfen, so kehrt diese Unbeständigkeit heute auf einer anderen Ebene wieder: Die Trennung von Ehe und Sexualität, die rasante Zunahme von Ehescheidungen, der in zwei Drittel aller Fälle eine Wiederverheiratung folgt, machen das Zusammenleben mit Stiefmutter/-vater und Halbgeschwistern für viele Kinder wieder zu einer prägenden Erfahrung. Die erhöhte Berufsmobilität führt zur Institution der „Wochenendväter" und anderer „Teilzeitmitglieder" des Kernfamilienhaushalts. Die Kernfamilie verliert ihren Charakter einer beständigen Einheit. Familien werden zu „Variationen der Verknüpfung der Themen der räumlichen Nähe und der Verwandtschaft, die aber nur die Mutter-Kind-Dyade als beständigen sozialen Kern enthält" [182: VON TROTHA, Wandel, 458].

Drittens geht nach von Trotha auch das Modell der Privatheit der modernen Familie zu Ende. Die Familie der traditionalen Gesellschaft Ende der Privatheit war über ihre Produktionsfunktion integriert in viele öffentliche Aufgaben und Belange und zugleich einer dauernden Kontrolle durch Kirche, Verwandtschaft, Nachbarschaft unterworfen. Die moderne Familie ist oder war ein Privatbereich. Was hinter der verschlossenen Wohnungstür geschieht, geht niemanden etwas an. Über die enge *peer group*-Bindung der Kinder, aber auch über die sich multipizierenden Beratungs- und Helfer-Einrichtungen für die Familie, über die Schule, über Amts- und Schulärzte sowie indirekt über die uferlose Ratgeberliteratur ist die Familie in ein enges Netz sozialer Kontrollmechanismen eingespannt und hat ihren Privatheitscharakter weitgehend wieder verloren.

Auch wenn einige der Thesen von Trothas sehr zugespitzt sein mögen, so ist es gerade für die historische Perspektive auf die Familie wichtig zu sehen, daß sich die Veränderungen in der Gegenwart durchaus an historische Familienformen anschließen lassen. Die moderne, intimisierte Kernfamilie wird dadurch nicht zum „Endprodukt" in einem linearen zwangsläufigen Evolutionsprozeß, sondern zu einer Entwicklung der
Familie kein linearer
Prozeß relativ kurzen Episode in der komplexen Organisation der „doppelten Reproduktion" (Engels) des Lebens.

2. Forschungsprobleme der sozialgeschichtlichen Familienforschung

Sozialgeschichtliche Familienforschung war zunächst stark auf die Fragestellungen der Familiensoziologie konzentriert. Die Historische Demographie als zentrale Methode der Sozialgeschichte der Familie konnte hier wesentliche Korrekturen an überkommenen Annahmen anbringen. Mit der Differenzierung und methodischen Verfeinerung der eigenen Forschungsansätze ergaben sich jedoch auch Fragestellungen und Modellbildungen ganz eigener Art. Sie greifen über den engen Bereich der Demographie hinaus (auch wenn sie vielfach auf ihr basieren) und beziehen sich auf grundsätzliche Zusammenhänge zwischen Familie, Haushalt und Gesellschaft sowie auf Fragen des mentalitätsgeschichtlichen Wandels.

2.1 Das „European Marriage Pattern"

Anfang der 1960er Jahre stellte John Hajnal in einem Aufsatz zur Historischen Demographie fest, daß sich ein großer Teil West-, Mittel-

und Nordeuropas bis ins frühe 20. Jahrhundert durch ein im gesamt-
europäischen, aber auch im globalen Vergleich außerordentlich hohes
Heiratsalter auszeichnete. In den meisten mittel- und westeuropäischen
Staaten war im Jahr 1900 etwa die Hälfte der jungen Männer im Alter
zwischen 25 und 29 Jahren ledig, während dieser Anteil in Süd- und
Osteuropa nur zwischen 18% und 31% lag. Westlich einer Linie von St.
Petersburg bis Triest habe sich, so Hajnal, seit dem Spätmittelalter ein
demographisches Verhalten herausgebildet, das nicht nur durch späte
Heirat, sondern auch durch einen hohen Anteil derjenigen gekenn-
zeichnet sei, die aufgrund fehlender materieller Ressourcen gar nicht
hätten heiraten können. Die Kombination dieser beiden Faktoren –
hohes Heiratsalter und hohe Ledigenquote – bezeichnete Hajnal als
„European Marriage Pattern" [136: HAJNAL, Marriage Patterns, 101,
130 ff.]. Hajnal integrierte diese Befunde in einen Erklärungsansatz, der
davon ausging, daß in der traditionalen europäischen Gesellschaft die
Heirat mit der Neugründung oder Übernahme eines eigenen Haushalts
(Neolokalität) verbunden war. Dadurch sei die Möglichkeit zur Eheschließung an die Verfügbarkeit der notwendigen ökonomischen Ressourcen zum Erhalt einer Familie gebunden worden, das heißt an die
Übergabe einer Hofstelle oder eines Handwerksbetriebs. Die Übergabe
des Betriebs durch die Eltern an die Kinder erfolgte jedoch spät, so daß
das Heiratsalter hoch und Mehrgenerationenhaushalte die Ausnahme
waren [137: HAJNAL, Two Kinds, 449 ff.].

Dieses System sei, so vermutete schon die ältere deutsche Bevölkerungswissenschaft, darauf angelegt gewesen, ein Gleichgewicht zwischen vorhandenem Nahrungsspielraum und Bevölkerung herzustel-
len. Die späten Heiraten hätten ebenso wie die hohe Quote der Ledigen
die Zahl der Kinder niedrig gehalten und damit ein Gleichgewicht zwischen Bevölkerung und vorhandenen Ernährungsmöglichkeiten eta-
bliert. Man sprach von einer besonderen „agrarischen Bevölkerungsweise" [148: MACKENROTH, Bevölkerungslehre, 119 ff.].

Diese Annahmen wurden zunächst allgemein akzeptiert. Die Be-
zeichnung „European Marriage Pattern" avancierte zu einem der gän-
gigsten Begriffe der Historischen Demographie und Familienforschung. In den letzten Jahren kam jedoch zunehmend Kritik an diesem
Modell und zum Teil auch an den dahinter liegenden Vorstellungen von
der traditionalen bäuerlichen Familie auf. Speziell bei den Konzepten
der deutschen Bevölkerungswissenschaft, die ihre Wurzeln in der
„Volkssoziologie" der 1930er Jahre hatte und auch den bevölkerungs-
politischen Zielen des Nationalsozialismus zum Teil verpflichtet war,
spielten ideologisch geprägte Konzepte von bäuerlicher Familie in die

---

hohes Heiratsalter in Europa

European Marriage Pattern

späte Betriebsüber-
gabe als Ursache?

agrarische Bevölke-
rungsweise

Kritik am Konzept
der agrarischen Be-
völkerungsweise

Konstruktion des Modells der „agrarischen Bevölkerungsweise" hinein. Sie verstellten den Blick auf die vielfältigen Differenzierungen auch der traditionalen bäuerlichen Familie und verhinderten so komplexere Interpretationen des Zusammenhangs zwischen Wirtschafts-, Sozial- und Familienstruktur [140: IPSEN, Bevölkerung, dazu 134: EHMER, Heiratsverhalten, 34 ff.; 87: MEDICK, Weben, 297 ff.].

Aus diesem Kontext heraus hat sich (bei zunächst prinzipieller Anerkennung des Theorems der besonderen „agrarischen Bevölkerungsweise") im Rahmen der sogenannten Proto-Industrialisierungs-Theorie die These entwickelt, daß vor allem in Regionen mit verdichteter, für den Export produzierender ländlicher Hausindustrie diese Annahmen der „agrarischen Bevölkerungsweise" bzw. des „European Marriage Pattern" nicht zutreffend seien. Hier waren Familiengründungen nicht an die Übergabe einer vollen Hofstelle gebunden, vielmehr wurde der Erhalt einer Familie über die eigene Arbeitskraft möglich. Für diese Gegenden waren daher ein niedrigeres Heiratsalter und auch eine höhere Kinderzahl charakteristisch [84: KRIEDTE/MEDICK/SCHLUMBOHM, Industrialisierung, 122 ff., 155 ff.].

Diese zunächst stärker theoretisch entfaltete Position wurde inzwischen durch verschiedene Lokal- und Regionalstudien erhärtet. In einer die Zeit von 1650–1860 umfassenden Untersuchung des Osnabrückischen Kirchspiels Belm kann Jürgen Schlumbohm durch einen mikrohistorischen Zugang zeigen, daß in diesem stark proto-industriell geprägten Ort das Heiratsalter keineswegs durchgehend hoch, sondern schichtspezifisch sehr unterschiedlich war und außerdem stark von der Entwicklung der Konjunktur abhing. Bei den Heuerlingen, also den Unterschichten, die nichts zu vererben hatten, zeichneten sich die Frauen durch ein besonders hohes Heiratsalter aus, während dasjenige der Töchter von Vollbauern deutlich niedriger lag. In allen Schichten kann man eine klare Orientierung des Heiratsalters an den mittelfristigen Tendenzen der ökonomischen Entwicklung feststellen. Ein festes Muster und einen klaren Zusammenhang zwischen Vererbung und Heiratsalter gab es gerade nicht, stattdessen außerordentlich flexible Strategien, die auf die ökonomischen und sozialen Veränderungen der Umwelt reagierten.

uneinheitliche Heiratsmuster in proto-industriellen Regionen

Das Heiratsalter in Belm war allerdings nicht ausschließlich von diesen ökonomischen Faktoren abhängig. Ein deutlicher Befund von Schlumbohms Studie ist auch, daß Frauen, die ein uneheliches Kind bekamen, in der Regel früher heirateten. Unterschichtfrauen wurden häufig früher schwanger als andere. Sie hatten dann ein besonders niedriges Heiratsalter. Ihre vorehelichen sexuellen Kontakte können daher auch nicht als Folge mangelnder Heiratsmöglichkeiten interpretiert

niedriges Heiratsalter nach unehelicher Schwangerschaft

werden. Schließlich läßt sich für diese proto-industrielle Gemeinde auch die Annahme einer hohen Anzahl von Ledigen nicht bestätigen. Die Quote lag hier – im Gegensatz zu manchen süddeutschen Orten –

niedrige Ledigen- bei unter 10% [97: SCHLUMBOHM, Lebensläufe, 96 ff.].
quote   Zu ähnlichen Ergebnissen kam – wenn auch statistisch nicht ganz so ausdifferenziert dargestellt – Peter Kriedte in einer Untersuchung

ähnliche Befunde in über die Bevölkerung der Stadt Krefeld in der Mitte des 19. Jahrhun-
anderen proto-indu- derts, die vor allem in der Seidenindustrie tätig war. Hier lag das Hei-
striellen Regionen ratsalter der Unterschichten zwar deutlich höher als in Belm, gerade das der Seidenarbeiter und Seidenarbeiterinnen war hier jedoch deutlich niedriger als das der restlichen Bevölkerung [118: KRIEDTE, Stadt, 177 ff.].

In dem proto-industriellen Weberort Laichingen auf der Schwäbischen Alb stellte Hans Medick dagegen fest, daß die Weber – je nach Vermögen – ganz unterschiedliche Heiratsmuster zeigten. Die landlosen oder landarmen Weber heirateten dort bis ins ausgehende 19. Jahrhundert deutlich später als die Weber mit Landbesitz [87: MEDICK, Weben, 324 f.]. Auch hier sind die Abweichungen sowohl von Hajnals These vom European Marriage Pattern als auch von der ursprünglichen Annahme der besonderen demographischen Verhältnisse in proto-industriellen Regionen deutlich.

In einem groß angelegten internationalen Vergleich konnte schließlich auch Joseph Ehmer zeigen, daß die Durchsetzung der kapi-

Ablösung des euro- talistischen Produktionsweise keineswegs in allen Ländern einheitlich
päischen Heirats- zu einer Ablösung des europäischen Heiratsmusters führte. Bestätigte
musters durch Indu- sich für England der generelle Trend, daß das durchschnittliche Hei-
strialisierung? ratsalter mit der zunehmenden Entwicklung kapitalistischer Produktionsverhältnisse sank, so wurde an der deutschen Entwicklung im 19. Jahrhundert deutlich, daß lokale und soziale Traditionen ökonomische Strukturen durchaus überlagern konnten. „Der Zusammenhang von Kapitalismus und Industrialisierung mit niedrigem Heiratsalter bestand auch in Deutschland, aber er prägte nur in wenigen Regionen die Sozialstruktur und fand nicht in einem generellen Wandel der Heiratsmuster, sondern in einer hohen regionalen Inhomogenität seinen Ausdruck" [134: EHMER, Heiratsverhalten, 230]. Zudem zeigen differenzierte schichtspezifische Untersuchungen, daß gerade Industriearbeiter auch noch am Ende des 19. und zu Beginn des 20. Jahrhunderts später heirateten als selbständige Handwerker oder Bauern. Von der Altersgruppe der 20- bis 25jährigen Erwerbstätigen waren z. B. im Jahr 1907 bereits 35,3% der Selbständigen, aber nur 13,6% der Arbeiter verheiratet. In der Altersgruppe der 25- bis 30jährigen waren dies 70,5% der

Selbständigen und 57,5% der Arbeiter. Im Alter zwischen 30 und 40 Jahren waren dann jeweils weit über 80% beider Berufsgruppen verehelicht [vgl. auch 143: KNODEL, Demographic Behaviour, 131 ff.].

Im 20. Jahrhundert haben sich diese regionalen und schichtspezifischen Unterschiede allmählich verwischt. Es wird ein allgemeiner Trend zu einem niedrigeren Heiratsalter deutlich erkennbar. Bis 1972 sank das durchschnittliche Heiratsalter bei Erstehen für Männer auf 25,5 Jahre. Seit 1972 stieg es allerdings wieder kontinuierlich an und hat nun fast den Stand vom Beginn des Jahrhunderts erreicht. Das durchschnittliche Heiratsalter lediger Männer betrug 1995 in der BRD 29,0 Jahre, das lediger Frauen 27,3 Jahre, in der DDR lag es 1988 noch wesentlich niedriger, bei 25,0 bzw. 22,9 Jahren [169: BURKART u. a., Liebe, 15 ff.; 42: GEISSLER, Sozialstruktur, 271 f.]. *Entwicklung des Heiratsalters im 20. Jahrhundert*

In diesem erneuten Anstieg des Heiratsalters und der Ledigenquote kommen aber nicht mehr Reaktionen auf direkte wirtschaftliche Veränderungen zum Ausdruck, sondern die zunehmende Attraktivität alternativer Lebensformen. Zumindest vor die Ehe ist heute allgemein eine Phase vorehelicher Lebens- und Wohngemeinschaft geschaltet, daneben treten Wohngemeinschaften und zunehmend mehr auch Einpersonenhaushalte als Alternativen zur Familie. Partnerbeziehungen ohne „Kohabitation" sind zwar nicht die Regel, werden aber zumindest in den Städten immer häufiger („living apart together"). 1985 waren 33,6% der Haushalte in der Bundesrepublik Einpersonenhaushalte – das waren mehr, als es vollständige Familien (31,9%) gab. *steigendes Heiratsalter durch Zusammenleben vor der Ehe*

Dennoch ergaben genaue Analysen, daß die zum Teil beklagten Individualisierungstendenzen der Gegenwart und der angebliche Zusammenbruch der bürgerlichen Familie und auch der christlichen Moralvorstellungen so nicht zutreffend sind. Vielmehr zeigt sich, daß sowohl im Arbeitermilieu als auch auf dem Land eine ganz traditionelle Familienorientierung unter den Jugendlichen und jungen Erwachsenen herrscht. Zwar wird auch hier die voreheliche Kohabitation als Probephase überwiegend akzeptiert, darauf folgt jedoch als „natürlicher Abschluß" die Ehe, die vor allem unter jungen Arbeitern sehr stark als Liebesehe mit definitiven Treuevorstellungen aufgefaßt wird. Ein anderes Bild bietet sich dagegen in Untersuchungsgruppen, die der „neuen technischen Intelligenz" und den Kreisen des linken Akademiker- und Alternativen-Milieus der Großstädte zuzurechnen sind. Hier läßt sich eine pragmatische bis indifferente Einstellung gegenüber der Ehe zeigen. Wichtig ist diesen Gruppen vor allem die Berufstätigkeit beider Ehepartner. Berufsorientierung wird auch von Frauen bei ihnen oft über *Ehe nicht durch alternative Lebensformen verdrängt*

Ehe und Familie gestellt, weshalb sich hier kinderlose Ehen oder Partnerschaften besonders häufig finden [169: BURKART u. a., Liebe].
Von einer radikalen Individualisierung der Gesellschaft kann dennoch insgesamt nicht die Rede sein. Lediglich die Ehe als Rechtsinstitut ist durch deutliche Erosionserscheinungen gekennzeichnet. Ihr christlicher Gehalt in Beziehung auf die Legitimation von Sexualität ist zurückgedrängt und der prinzipielle Anspruch auf Dauer verschwunden.

2.2 Illegitimität und sexuelle Revolution

Im Jahr 1975 löste der amerikanische Historiker Edward Shorter mit seinem Buch „The Making of the Modern Family" eine lang andauernde Kontroverse in der Historischen Familienforschung aus. Seine zentrale These war, daß seit dem Ende des 18. Jahrhunderts junge Menschen sich plötzlich weigerten, bei der Wahl ihrer Partner auf familiäre Gesichtspunkte und elterliche Wünsche Rücksicht zu nehmen, sondern vor allem auf ihre Gefühle achteten. „Sie gingen nun eher mit denen, die sie liebten, als mit denen, die ihre Eltern für die geeignetsten hielten" [75: SHORTER, Geburt, 99]. Dies unterschied sie angeblich von den Jugendlichen früherer Zeiten und verband sie in gewisser Weise mit der Jugendzeit der Mitte des 20. Jahrhunderts. Denn die Tatsache, daß junge Menschen nun nicht mehr dazu bereit waren, ihre persönlichen Bedürfnisse und Gefühle den familiären Zielen unterzuordnen, daß sie auch nicht mehr bereit waren, zu diesem Zweck auf Sexualität zu verzichten, verband in den Augen Shorters die Jugendgenerationen um 1800 und um 1968.

Wesentliches Kriterium für diese Aussage ist für Shorter der säkulare Trend steigender Illegitimitätsquoten seit 1750 und die durch die „Pille" ausgelöste Entkoppelung von Ehe und Sexualität seit den 1960er Jahren. Shorter spricht in diesem Zusammenhang von einer ersten und einer zweiten „sexuellen Revolution". Für das ausgehende 18. Jahrhundert sei dabei von besonderer Bedeutung gewesen, daß sich die Jugendlichen damit nicht nur gegen die sozialen Normen der Erwachsenengesellschaft, sondern auch gegen die traditionellen Riten der Partnerwahl innerhalb der traditionalen Jugendkultur gewandt hätten. Denn auch diese hatte die individuelle Partnerwahl einer Kontrolle durch die Gemeinschaft unterworfen [156: SHORTER, Bastardy, 459; 75: SHORTER, Geburt, 175 ff.].

Die „sexuelle Revolution" machte sich nach Shorter zunächst und vor allem in der frühindustriellen Lohnarbeiterschaft bemerkbar. Grö-

(Marginalien:)
Individualisierung der Partnerwahl

Shorters These von der „sexuellen Revolution"

ßere ökonomische Selbständigkeit und zunehmende Mobilität hätten besonders auch das Sexualverhalten der jungen Frauen dieser Schicht verändert. Bis ins 18. Jahrhundert seien uneheliche Geburten entweder Folge der traditionellen Formen der Brautwerbung, zu denen auch der voreheliche Geschlechtsverkehr gehörte, gewesen oder durch sexuelle Ausbeutung der Mägde durch ihre Dienstherrschaft zu erklären. Die Hauptursache der steigenden Unehelichkeitsquoten seit dem ausgehenden 18. Jahrhundert war nach Shorter dagegen die „romantische Liebe". Shorter beschrieb die Phase zwischen dem Ende des 18. und der Mitte des 19. Jahrhunderts auch als „Hit and Run"-Periode, also als eine Zeit hoher Promiskuität, „when young people swooned romantically through a social landscape of disorder and flux" [157: SHORTER, Illegitimacy, 96]. Erst nach 1875 habe sich dann wieder eine „Verbürgerlichung" der Sexualität der Unterschichten ergeben.

Shorters Interpretation des säkularen Trends steigender unehelicher Geburten in Europa stieß mit wenigen Ausnahmen [154: PHAYER, Sexual Liberation] auf Ablehnung. Besonderen Widerspruch rief Shorters Interpretation der „sexuellen Revolution" als Frauenemanzipation hervor. Vor allem im Hinblick auf die zum Teil gravierenden Folgen, die zumindest in manchen Gegenden uneheliche Kinder für Frauen haben konnten, wurde ein grundlegender Wandel der weiblichen Einstellung zur vorehelichen Sexualität ausgeschlossen [159: TILLY u. a., Womens Work; 135: FAIRCHILDS, Attitudes, 658 f.]. Auch der Einfluß von Industrialisierung und Urbanisierung wurde bestritten, ebenso die Bedeutung obrigkeitlicher Heiratsverbote. W. Robert Lee, der sich ebenso wie Shorter vor allem auf demographisches Material aus Bayern bezog, sieht daher die wichtigste Ursache für den Anstieg der Illegitimität in den Auswirkungen der Agrarrevolution. Sie habe zu höheren Löhnen in der Landwirtschaft geführt und damit den materiellen Spielraum der Dienstboten vergrößert, die nun weniger vor der Aufnahme vorehelicher sexueller Beziehungen zurückgeschreckt hätten [147: LEE, Bastardy; dagegen 156: SHORTER, Bastardy; zur Wirkung obrigkeitlichen Heiratsbeschränkungen 142: KNODEL, Law; 149: MATZ, Pauperismus, 244 ff.].

> **Kritik an Shorters Thesen**

> **andere Erklärungen für Anstieg der Illegitimität**

Die umfassendste und differenzierteste Darstellung und Erklärung dieses gesamteuropäischen Phänomens hat Michael Mitterauer vorgenommen. Er wies zunächst auf die hohen regionalen Unterschiede hin. Regionen mit extrem hoher Illegitimität sind im deutschösterreichischen Raum Kärnten, der bayerische Alpenraum sowie Südwürttemberg und Südbaden. In Kärnten gibt es Orte, in denen noch in der zweiten Hälfte des 19. und im frühen 20. Jahrhundert über 80% der

Geburten unehelich waren, in Südbaden wurden in der ersten Hälfte des 19. Jahrhunderts in einzelnen Gemeinden Werte über 60% erreicht. Weitere Regionen mit hoher Illegitimitätsquote waren außerdem Sachsen, Schlesien, Hannover und Thüringen [152: MITTERAUER, Illegitimität, 566 ff.].

Mitterauer kann nun durch Vergleiche zum einen zeigen, daß für extreme Spitzenwerte bzw. auch für extrem niedrige Unehelichkeits-

Illegitimitätsquote und Religiosität

quoten außerökonomische Faktoren wie Religiosität durchaus eine Rolle spielten. In Kärnten z. B. war die Bevölkerung im 19. und frühen 20. Jahrhundert stark akirchlich oder antikirchlich eingestellt, auch in Frankreich scheint sich ein Zusammenhang zwischen Dechristianisierung und zunehmender Illegitimität nicht von der Hand weisen zu lassen. Umgekehrt sind Regionen mit stark kirchlicher Bindung – unabhängig von der Konfession – durch eher niedrige Illegitimitätsquoten gekennzeichnet: das katholische Irland, Tirol, die Niederlande, aber auch vom Pietismus geprägte Orte in Deutschland [ebd., 578 ff.].

Agrarrevolution, Heiratschancen, Illegitimitätsquote

Besonders wichtig sind auch für Mitterauer die Auswirkungen der Agrarrevolution. Sie führten auf dem Land zu einem Ansteigen des Gesindes, das heißt, daß immer mehr junge Personen entweder auf längere Zeit als Dienstboten in hausrechtlicher Abhängigkeit standen und dementsprechend nicht heiraten konnten oder aber als Tagelöhner ein so geringes Einkommen hatten, daß ihnen eine Hausstandsgründung nicht möglich bzw. aufgrund der staatlichen Heiratsverbote auch nicht erlaubt war. Umgekehrt war dort, wo Gesindeehen erlaubt waren, auch die Illegitimitätsquote niedrig [ebd., 660 ff.].

hohe Unehelich-keitszahlen bei städtischen Dienst-mädchen

Einen ähnlichen Zusammenhang zwischen steigender Illegitimitätsquote und Gesindezahl nahm Mitterauer auch für die Städte an. Seit der zweiten Hälfte des 18. Jahrhunderts läßt sich europaweit eine Zunahme der Dienstbotenhaltung in den Großstädten nachweisen. Zugleich ist das Gesinde des aufsteigenden neuen Bürgertums weniger in den herrschaftlichen Haushalt integriert. Im Rahmen der Herausbildung der intimisierten Kernfamilie wuchs die soziale Distanz gegenüber den Dienstboten, die immer häufiger und rascher auch ihre Stellen wechselten. Dadurch wurde die soziale Kontrolle geringer, und die Neigung und Möglichkeit der Dienstboten zur Aufnahme vorehelicher sexueller Kontakte stieg entsprechend an.

hohe Illegitimitäts-quoten bei der Arbeiterschaft

Auch die frühe städtische Arbeiterschaft trug wesentlich zum Anstieg der unehelichen Geburten bei, wobei der Einfluß der Fabrikindustrialisierung allerdings nicht überschätzt werden darf, denn diese Form der Produktion hat sich in großem Maßstab erst durchgesetzt, als die Illegitimitätsquoten bereits wieder rückläufig waren. Man muß also auch für die städtische Arbeiterschaft in der ersten Hälfte des 19. Jahrhunderts hausindustrielle Gewerbeformen mit einbeziehen. Staatliche Ehebeschränkungen führten auch hier zu niedrigen Heiratsaussichten und damit zu einer hohen Zahl von Konkubinaten, die die Zahl der unehelichen Kinder entsprechend ansteigen ließen [ebd., 676].

Der allgemeine Rückgang der Illegitimitätsquote nach 1875 darf nicht darüber hinwegtäuschen, daß gerade in der Arbeiterschaft der Anteil unehelicher Kinder an den erstgeborenen weiterhin bedeutend blieb. Zwischen 1850 und 1900 waren bei den württembergischen Metall- und Textilarbeitern noch zwischen 25 und 35% der erstgeborenen Kinder unehelich. Fast die Hälfte der Arbeiter der Daimler-Motoren-Gesellschaft in Stuttgart hatten in den Jahren vor dem Ersten Weltkrieg bei der Eheschließung bereits uneheliche Kinder [106: LIPP, Innenseite, 245]. In anderen Industriegebieten, wie z. B. in der durch Textil- und Maschinenindustrie geprägten Industriestadt Linden bei Hannover, lag die Illegitimitätsquote zu Beginn des 20. Jahrhunderts deutlich niedriger bei 10%.

Insgesamt läßt sich nach 1875 ein allgemeiner Rückgang der Illegitimitätsquote und ein Ansteigen der Heiratshäufigkeit auch unter den Arbeitern feststellen. Dies bedeutet allerdings nicht, daß sich die Gewohnheiten vorehelicher Sexualität nachhaltig verändert hätten. Im Gegenteil, verschiedene Untersuchungen zeigen deutlich, daß der Rückgang der Illegitimitätsquote durch ein Ansteigen der Zahl vorehelich gezeugter Kinder ersetzt wurde [111; Rosenbaum, Proletarische Familien, 134 ff.; 143: KNODEL, Behavior, 209 ff.].

Anstieg der Heirats-
quote nach 1875

2.3 Geburtenkontrolle, Abtreibung, Kindsmord

Seit der zweiten Hälfte des 19. Jahrhunderts sank die Zahl der Kinder, die durchschnittlich in einer Ehe geboren wurden, kontinuierlich. Es steht heute außer Frage, daß dieser Rückgang der Fruchtbarkeit nicht durch spätes Heiratsalter, sondern durch eine Kontrolle der Geburtenhäufigkeit innerhalb der Ehe bewirkt wurde [143: KNODEL, Demographic Behavior, 247 ff.; 83: KASCHUBA/LIPP, Überleben, 511 ff.; 108: NEUMANN, Geburtenkontrolle; 97: SCHLUMBOHM, Lebensläufe, 140 ff.]. Allerdings wurde durch die Historische Demographie auch herausgearbeitet, daß die innereheliche Geburtenkontrolle keineswegs eine Neuerung des ausgehenden 19. Jahrhunderts war, sondern daß schon früher die innereheliche Fruchtbarkeit große schicht- und regionalspezifische Unterschiede aufwies [153: PFISTER, Demographie, 93].

Anfänge der Geburtenkontrolle

Innereheliche Geburtenbeschränkung konnte im Prinzip auf zwei Weisen durchgeführt werden: Zum einen, indem man die Dauer der „Gebärtätigkeit" der Frauen beschränkte, das heißt, daß die Frauen spät heirateten oder nach einer bestimmten Kinderzahl schon vor dem Erreichen der Menopause aufhörten, weitere Kinder zu bekommen. Zum anderen konnte der Abstand zwischen den Geburten vergrößert werden. Beides läßt sich feststellen. Im württembergischen Kiebingen, aber auch in vielen anderen Orten, läßt sich nachweisen, daß der Prozentsatz der Frauen, die vor Erlangen des 40. Lebensjahres ihr letztes Kind bekamen, kontinuierlich anstieg. In den 1920er Jahren traf dies in Kiebingen auf 85,5% der Frauen zu, weit über 50% von ihnen bekamen sogar schon vor dem 34. Lebensjahr ihr letztes Kind. Eine Geburtenkontrolle durch Verlängerung der sogenannten intergenetischen Intervalle, also des Abstandes zwischen zwei Kindern, läßt sich in dem katholischen Ort Kiebingen dagegen ebensowenig zeigen wie in dem proto-industriellen protestantischen Weberdorf Laichingen auf der Schwäbischen Alb [83: KASCHUBA/LIPP, Überleben, 519 ff.; 87: MEDICK, Weben, 345 ff.].

Die Historische Demographie geht davon aus, daß ein Geburtenabstand von mindestens 31,5 Monaten ein Indiz für eine innereheliche Geburtenkontrolle darstellt [160: WRIGLEY, Bevölkerungsstruktur, 92]. Eine Verzögerung der Empfängnisfähigkeit der Frau konnte man zum Beispiel durch längere Stillzeiten herbeiführen. Eine so gravierende Senkung der Kinderzahlen, wie sie in der zweiten Hälfte des 19. Jahrhunderts begann, ließ sich jedoch über solche natürlichen Mittel wie die Verlängerung der Stillzeit nicht bewirken. Auch das vollständige Abbrechen der „Gebärtätigkeit" von Frauen in der Mitte ihres 4. Lebensjahrzehnts ist auf diese Weise nicht zu erklären. Es müssen daher auch bewußt andere Arten der Geburtenregelung praktiziert worden sein. Die extremste Möglichkeit war völlige Enthaltsamkeit. Sie ist als Regel unwahrscheinlich, aber im Einzelfall sicher nicht ganz auszuschließen, denn kirchliche Sexualitätsvorschriften waren besonders auf dem Lande keineswegs wirkungslos [83: KASCHUBA/LIPP, Überleben, 522 f.]. Zudem waren sowohl der Coitus interruptus als die gebräuchlichste Form der aktiven Geburtenkontrolle wie auch die anderen damals im Handel befindlichen Hilfsmittel unsicher. Diese waren in der Stadt ohnehin weiter verbreitet als auf dem Land [105: LINSE, Arbeiterschaft; 313: WOYCKE, Birth Control, 36 ff., 112 ff.].

Sehr umstritten ist daher die Frage, inwieweit auch im 19. Jahrhundert bereits wirksame Abortiva eingesetzt wurden. Edward Shorter vertritt die These, daß sie auch vor dem Aufkommen moderner Abtreibungstechniken weiter verbreitet waren, als man gemeinhin annimmt [300: SHORTER, Körper]. Andere Forscher meinen, daß die Verbreitung von Verhütungs- und Abtreibungswissen gering war. Darauf deuten auch zeitgenössische Umfragen [27: WITTENBERG/HÜCKSTÄTT, Verhältnisse; 143: KNODEL, Demographic Behavior, 314 ff.]. Erst im 20. Jahrhundert lassen sich dann Nachweise für eine außerordentlich ausgedehnte Abtreibungspraxis vor allem in den Städten führen. Neue Abtreibungstechniken führten zu einem regelrechten Abtreibungsmarkt, für den auch mehr oder weniger offen in den Zeitungen und Zeitschriften geworben wurde. Ärzte schätzten die Zahl der Abtreibungen, die in Deutschland vor dem Ersten Weltkrieg durchgeführt wurden, auf 100 000 bis 300 000 pro Jahr [313: WOYCKE, Birth Control, 68 ff., 89 ff.]. Aus verschiedenen zeitgenössischen Berichten geht allerdings auch hervor, daß Abtreibungen – speziell durch Hebammen – auch auf dem Land bereits im 19. Jahrhundert regelmäßig vorgenommen wurden [81: FITZ, Frühindustrialisierung, 438].

Eine sehr umstrittene Frage im Zusammenhang der Geburtenkontrolle ist außerdem die von verschiedenen Forschern geäußerte Vermutung, daß neben der pränatalen Geburtenkontrolle und der Abtreibung auch Formen der „postnatalen Geburtenkontrolle", also der bewußten Herbeiführung oder zumindest des bewußten Zulassens des Todes von Kleinkindern üblich war. Diese Vermutung hat sich zum Teil aus einer genauen Analyse der Strukturen der Säuglingssterblichkeit ergeben. Ausgangspunkt ist die hohe Säuglingssterblichkeit, die in manchen Regionen durch das gesamte 19. Jahrhundert bei über 30% der Neugeborenen lag. Dies war zumindest in Süddeutschland überwiegend der Fall, während in Norddeutschland eine deutlich geringere Säuglingssterblichkeit die Regel war. Untersuchungen an süddeutschen Orten mit hoher Säuglingssterblichkeit haben nun ergeben, daß die neugeborenen Kinder aus der Oberschicht keineswegs eine höhere Lebenserwartung hatten als die aus der Unterschicht. In Kiebingen zum Beispiel stammte weit über die Hälfte der um 1850 gestorbenen Kinder von Eltern der Oberschicht [83: KASCHUBA/LIPP, Überleben, 557]. Andere Dorfuntersuchungen kamen zu einem ähnlichen Ergebnis [317: GESTRICH, Jugendkultur, 164 f.; 87: MEDICK, Weben, 368]. Die hohe Kindersterblichkeit war zu einem guten Teil Folge der Fehlernährung kleiner Kinder, die mit Brei oder Kuhmilch gefüttert wurden. Ärzten war dies bewußt. Sie führten deshalb schon seit langem eine Kampagne für das Stillen der Kinder. In Kiebingen jedoch haben noch in den 1880er Jahren gerade die Frauen der bäuerlichen Oberschicht ihre Kinder nur selten selbst gestillt. Nur 10% der Oberschichtmütter gaben ihren Kindern

[Marginalien:]
„postnatale Geburtenkontrolle"

hohe Kindersterblichkeit in agrarischer Oberschicht

mangelndes Stillen für längere Zeit die Brust. Sie ließen sie meist von Kindsmägden mit Surrogaten ernähren. Die Stillquote der Unterschichtmütter lag dagegen bei über 90%. Entsprechend höher waren die Überlebenschancen ihrer Kinder. Man hat daraus den Schluß gezogen, daß die dörfliche Oberschicht aus Erbgründen eine Praxis der postnatalen Geburtenkontrolle getrieben hätte. Um die soziale Position der Familie nicht zu gefährden, wollte man die Zahl der Erben klein halten und sei daher froh gewesen, wenn das eine oder andere Kind gestorben sei. Die Zusammenhänge zwischen Fehlernährung und Kindersterblichkeit waren der Bevölkerung sicher bekannt [82: JEGGLE, Kiebingen, 193].

verschiedene demographische Systeme? Die genaue Interpretation dieses Befundes ist allerdings außerordentlich schwierig und auch umstritten. Arthur Imhof geht davon aus, daß es unterschiedliche demographische „Systeme" gegeben habe, eines der „Bewahrung menschlichen Lebens", in dem relativ wenige Kinder geboren, aber auch nur wenige starben, und eines der „Verschwendung menschlichen Lebens". Hier gebaren Frauen viele Kinder, von denen jedoch meist über ein Drittel bereits im ersten Lebensjahr wieder starb [139: IMHOF, Säuglingssterblichkeit, 369 ff.]. Ob das allerdings heißt, daß in diesen „Systemen der Verschwendung" die Eltern, weil sie keine Geburtenkontrolle betreiben konnten oder wollten, gezielt den Tod ihrer Kinder herbeiführten oder ihn zumindest bewußt in Kauf nahmen – das ist umstritten und wird zum Teil auch mit guten Gründen abgelehnt. Carola Lipp schreibt zum Beispiel die hohe Säuglingssterblichkeit in der Kiebinger Oberschicht vor allem der starken Arbeitsbelastung der Frauen zu, die sich aus diesem Grund ungern auf das Stillen einließen [83: KASCHUBA/LIPP, Überleben, 558 f.; ähnlich 87: MEDICK, Weben, 369 ff.]. Zu diesem Punkt sind sicher noch weitere vergleichende mentalitätsgeschichtliche Studien nötig, die die Einstellung zum Kindstod in den beiden verschiedenen demographischen „Systemen" bzw. die Zusammenhänge zwischen Kindersterblichkeit und Kinderzahl in Mikroanalysen genauer untersucht [zum Kindsmord vgl. 298: SCHULTE, Dorf, 152 ff.].

2.4 Familie und soziale Plazierung

Reproduktion sozialer Ungleichheit Familien waren nicht nur die zentralen Gelenkstellen für die Sicherung der biologischen Kontinuität einer Gesellschaft. Sie hatten ebenso bedeutende Funktionen für die Reproduktion ihres sozialen Gefüges. Erst durch die Tatsache, daß materielles wie kulturelles Kapital von einer Generation zur nächsten als „Startkapital" weitergegeben werden kann, verwandeln sich die Leistungen und Vorteile oder auch die Mißerfolge

und sozialen Benachteiligungen einer Generation in dauerhafte soziale
Strukturen. Die Familie wirkt auf diese Befestigung sozialer Ungleichheit in doppelter Weise ein: Zum einen beeinflußt sie in vielfältiger
Weise die Berufsmobilität der Kinder, zum anderen deren Heiratsmobilität.

Die Forschungen zur „Plazierungsfunktion" der Familie haben
ganz entscheidende Impulse erhalten durch ein vergleichendes For-
schungsprojekt unter der Leitung von Jürgen Kocka, in dem adelige,
bäuerliche und städtische Arbeiterfamilien im 19. Jahrhundert unter
diesem Aspekt analysiert wurden [145: KOCKA u. a., Familie]. Im Rahmen dieses Projekts konnte Heinz Reif zeigen, wie sehr der durch die
politischen und sozioökonomischen Veränderungen des 19. Jahrhunderts unter Druck gekommene westfälische Adel durch bewußte fami-
liäre Plazierungsstrategien die wirtschaftliche Macht und auch den po- familiäre Plazie-
litischen Einfluß dieser Elitegruppe festigen konnte. Dies gelang nicht rungsstrategien beim
nur durch eine gezielte Heiratspolitik, sondern auch durch die Festi- Adel
gung des inneren Zusammenhalts der Familien über Erziehung und Fa-
milienordnungen. Das Ziel des Statuserhalts und der Machtkonsolidie-
rung der Gesamtfamilie konnte allerdings nur durch die hohe Opferbereitschaft einiger Familienmitglieder zugunsten des erbenden Sohnes
erreicht werden. Das traf vor allem die Töchter, die oft auf die Mitgift
oder gar auf die Heirat verzichten mußten.

Im bäuerlichen Bereich war die Bedeutung der Familie für die soziale Plazierung der Nachkommenschaft vor allem in den ländlichen
Ober- und Mittelschichten ähnlich stark, zumindest was den Erhalt und
die Weitergabe des Hofes anbetraf. Bei den nicht-erbenden Kindern dagegen war die Einflußnahme der Eltern auf ihre soziale Plazierung
durch entsprechende Partnerwahl und Ausstattung weniger gravierend. Kriterien der Part-
Im ländlichen Bereich gab es daher deutlich höhere Abstiegsraten [145: nerwahl in Bauern-
KOCKA u. a., Familie, 345 f.]. Zu ähnlichen Ergebnissen kamen auch familien
andere Untersuchungen. In dem Osnabrückischen Kirchspiel Belm
stammten zwar auch im 19. Jahrhundert noch 90% der Männer und
Frauen, die einen großen Hof besaßen, aus dieser agrarischen Oberschicht, die Abwärtsmobilität war jedoch auch hier bei den Nichterben-
den beträchtlich. Auch in Süddeutschland konnte sich bis ins ausgehende 19. Jahrhundert selbst in Dörfern mit einer hohen Mischstruktur
zwischen agrarischen und industriellen Einkommen eine agrarische
Oberschicht halten, die ihre Kinder zu über 80% innerhalb der wenigen
Land besitzenden Familien des Dorfes verheiratete [97: SCHLUMBOHM,
Lebensläufe, 370 ff.; 317: GESTRICH, Jugendkultur, 134 ff.]. Allerdings
ist an diesem württembergischen Beispiel auch deutlich geworden, daß

selbst im bäuerlichen Kontext der Besitz allein nicht immer ausschlag-
gebend war. Familien, die ursprünglich zur Oberschicht zählten, konnten innerhalb dieser Schicht konnubiumsfähig bleiben, auch wenn sie
vielleicht, durch hohe Kinderzahl bedingt, kein äquivalentes Erbe wei-
tergeben konnten. Sozialprestige war bei der Partnerwahl ein Faktor,
der nicht völlig vernachlässigt werden konnte.

In den Schichten, in denen keine materiellen Güter vererbt werden konnten, also in den ländlichen und in den städtischen Unterschichten, war die Plazierungsfunktion der Familie natürlich marginal, wenn
man darunter den Erhalt oder das Erlangen eines höheren gesellschaftlichen Status versteht [145: KOCKA u. a., Familie, 347 ff.; 97: SCHLUM-
BOHM, Lebensläufe, 374 f.].

Gegenüber den hier angesprochenen sozialen Schichten sind Arbeiten, die die Plazierungsfunktion der bürgerlichen Familie untersuchen, bisher rar. Kocka hat in verschiedenen Arbeiten auf die Bedeutung der Familie als Plazierungsfaktor in der frühen Unternehmerschaft
hingewiesen [145: KOCKA u. a., Familie, 171; 117: DERS., Unternehmer,
42 ff.; 126: DERS., Unternehmer, 67 f.]. Quantifizierende Studien über
die Heiratsmobilität und Kapitalvererbung des Bildungsbürgertums
sind jedoch weiterhin ein Desiderat [120: BORSCHEID, Geld].

2.5 Familien- und Sozialpolitik als Gegenstand der historischen Familienforschung

Der Aufstieg des modernen Wohlfahrts- und Sozialstaates ist ein Phänomen, das in den letzten Jahren international intensiv erforscht wurde
[46: RITTER, Sozialstaat]. Der Prozeß der Herausbildung eines umfassenden Systems sozialer Sicherung und sozialer Gerechtigkeit wird dabei als ein durchaus zwiespältiger Prozeß gesehen, durch den Individuen nicht nur von Not befreit, sondern zugleich in ihrem Verhalten
und in ihren sozialen Beziehungen der Kontrolle und Normierung
durch die Bürokratie des modernen Staates unterworfen werden. Das
Steuerungsinstrument des Sozialstaats ist die Sozialpolitik, die Detlev
Peukert als „die bewußten, auf ein bestimmtes Konzept von Gesellschaft hinarbeitenden Eingriffe in soziale Prozesse und Zustände durch
öffentliche Institutionen" definiert hat [44: PEUKERT, Erforschung, 127;
45; DERS., Wohlfahrtsstaat]. Familienpolitik ist ein Teil der Sozialpolitik und versucht, unter bestimmten Konzepten von Staat, Gesellschaft
und Familie auf die Gestaltung der Familie Einfluß zu nehmen. In der
Sozial- und Familienpolitik moderner Staaten wird daher ein wichtiges
Scharnier zwischen individueller Lebensgestaltung und gesellschaftli-

Marginalia: geringe Plazierungsfunktion der Arbeiterfamilie; Forschungsdesiderate; Aufstieg des Sozialstaats; Funktionen der Familienpolitik chen Normalitätsentwürfen faßbar – besonders auch hinsichtlich des Geschlechter- und Generationenverhältnisses [188: BOCK/THANE, Maternity].

Familienpolitik kann bevölkerungspolitisch orientiert sein und primär die Interessen des Staates verfolgen, der damit z. B. die Verteidigungsbereitschaft oder heute auch die zukünftige Sicherung der Altersversorgung im Auge haben kann. Familienpolitik kann aber auch an den Bedürfnissen der Familien und der in ihr lebenden Individuen orientiert sein. Dann schaut sie weniger auf die biologische „Reproduktionsleistung" der Familie, sondern hat vor allem ihre Sozialisationsaufgaben im Blick. Schließlich kann Sozialpolitik orientiert sein am bedürftigen Individuum, seiner Befreiung aus wirtschaftlichen und sozialen Notlagen, um ihm dadurch eine Teilhabe am sozialen und politischen Leben der Gesellschaft zu ermöglichen [194: KAUFMANN, Sozialpolitik; 196: LÜSCHER, Sozialpolitik]

Familien- und Sozialpolitik bewegt sich somit immer in einem Spannungsfeld zwischen emanzipatorischer Unterstützung und sozialtechnologischer Disziplinierung der Unterstützten. Über die Familienpolitik werden bestimmte bürgerliche Normen als verbindlich definiert. Aufgrund dieser Normen wird in soziale Beziehungen der unterstützten Familien eingegriffen, und diese werden bürokratischer Aufsicht, Standardisierung und Kontrolle unterworfen.

Familienpolitik zwischen Disziplinierung und Unterstützung

Kritiker der modernen Sozialpolitik sehen daher in der Familienpolitik vor allem den Versuch der Sozialdisziplinierung. Mit Hilfe der Sozialpolitik werde abweichendes Verhalten definiert und dann durch Kontrolle, Unterstützung und pädagogische Maßnahmen reglementiert. Weil im ausgehenden 19. und frühen 20. Jahrhundert diese pädagogische Normalisierung nicht gelungen sei, habe sich – so meinen einige Kritiker dieser Sozialpolitik – einer auf Disziplinierung bedachten Politik letztlich die „eugenische Aussonderung" von abweichendem Verhalten als Option aufgedrängt. In der Tat hat sich schon lange vor dem Nationalsozialismus eine breite und von allen gesellschaftlichen Gruppen und Parteien geführte Diskussion über die Eugenik entwickelt, die keineswegs nur auf Deutschland beschränkt war und in engem Zusammenhang mit sozialpolitischen Maßnahmen stand [328: PEUKERT, Grenzen, 18 ff., 77; 53: DONZELOT, Ordnung].

Eugenik als disziplinierende Sozialpolitik

Dieser Position, die alle Formen von Sozialpolitik unter Faschismusverdacht stellt, wurde zu Recht entgegengehalten, daß darin implizit eine Romantisierung vorindustrieller Verhältnisse zum Ausdruck komme und daß viele Maßnahmen z.B. des Kinder- und Jugendschutzes sich keineswegs allein in dieses Rationalisierungs- und Kontroll-

Kritik an der Disziplinierungsthese

schema einfügten. Sie müßten zumindest in der Dialektik von Freiheit und Kontrolle gesehen werden. Manche, vor allem Kinder und Jugendliche, sind freier geworden dadurch, daß sie und vor allem ihre Eltern durch die Agenturen moderner Sozialpolitik diszipliniert wurden [190: DICKINSON, Politics, 291 f.].

Dennoch läßt sich der Disziplinierungcharakter moderner Sozialpolitik nicht ganz leugnen. Am intensivsten ist er bisher von Detlev Peukert in seiner Untesuchung zur Entstehung der modernen Jugendhilfe erforscht worden. Die Jugendhilfe war in den 1880er Jahren aufgrund einer neuen Wahrnehmung des Jugendproblems im Rahmen der Herausbildung der industriellen Klassengesellschaft entstanden. Es ging dabei vor allem um die Kontrolle der schulentlassenen männlichen Arbeiterjugend, die man dem „Zugriff" der Sozialdemokratie entziehen und im Sinne konservativer und militärischer Leitbilder zu einer „nationalen Jugend" formen wollte. Die Elemente der Jugendpflege waren soziale Unterstützung von Jugendlichen, aber auch Zwangserziehung und vor allem verschiedene Formen der Einwirkung auf die Freizeitgestaltung der Jugendlichen. Einen instituionellen Rahmen erhielt die Jugendpflege in Deutschland durch das Reichsjugendwohlfahrtsgesetz von 1922. Darin war zugleich ein Recht des Kindes auf Erziehung verankert, was den Staat nicht nur zur entsprechenden materiellen Absicherung dieser Erziehung verpflichtete, sondern den Behörden auch die Möglichkeit zum Eingriff in die inneren Verhältnisse der Familie gab [328: PEUKERT, Grenzen; 332: SAUL, Kampf; 193: HASENCLEVER, Jugendhilfe].

Sozial- und Familienpolitik ist nie „geschlechtsneutral". Über die Steuerung sozialer Prozesse mit staatlich-fiskalischen Mitteln werden bestimmte Strukturen des Geschlechterverhältnisses verstärkt oder auch verändert: Die Zulassung oder Ausschließung der Frauen vom Arbeitsmarkt, die Familiarisierung der Frauen durch Ehestandsdarlehen, Erziehungsgeld, usw., die finanzielle und soziale Prämierung von Geburten sind Elemente einer solchen geschlechtsspezifischen Sozialpolitik. Sie ist neuerdings Gegenstand mehrer Untersuchungen aus der Perspektive der Geschlechtergeschichte geworden [281: KUNDRUS, Kriegerfrauen; 188: BOCK/THANE, Maternity; 295: ROUETTE, Sozialpolitik].

Ambivalenz der Jugendhilfe

geschlechtsspezifische Sozialpolitik

3. Historische Sozialisationsforschung und Sozialgeschichte der Erziehung

Ein zentrales Interesse an dem Gegenstand „Familie" haben nicht nur die Soziologie und die Sozialgeschichte, sondern auch die anderen Humanwissenschaften, ganz besonders aber die Pädagogik und die Psychologie bzw. Psychoanalyse. Speziell in der Pädagogik hat sich in den letzten 20 Jahren eine verstärkte Hinwendung zur Historischen Pädagogik vollzogen. Ihr geht es zum einen, als Sozialgeschichte der Erziehung, um die Rekonstruktion der „faktischen Bedingungen von Sozialisationsprozessen", zum anderen als Historische Sozialisationsforschung um die Beschreibung und Analyse der „geschichtlich-gesellschaftliche[n] Genese und Bestimmtheit von Bewußtseins-, Erlebnis- und Handlungsstrukturen" [223: HERRMANN, Dimensionen, 285]. Die Historische Sozialisationsforschung bemüht sich also darum, die Geschichtlichkeit des Menschen in all jenen Aspekten aufzuzeigen, die Gegenstand der empirischen Sozial- und Verhaltenswissenschaften sind. Historische Pädagogik im Sinne einer Sozialgeschichte der Erziehung und Historische Sozialisationsforschung sind natürlich eng aufeinander bezogen.

Historische Sozialisationsforschung

3.1 Mütter – Kinder – Väter

Wenn Historische Sozialisationsforschung nach der lebensgeschichtlichen Bedeutung von Sozialisationserfahrungen fragt, so kommt der Analyse der Familienkonstellation dabei eine herausragende Stellung zu. Mit den lebensgeschichtlichen Folgen von Familiensozialisation hat sich vor allem die Psychoanalyse beschäftigt. Sigmund Freud bezog als erster die familiale Umwelt des Kindes in die Erklärung psychischer Störungen ein. Das Material der Psychoanalyse Freudscher Provenienz sind allerdings nicht direkte Beobachtungen, sondern erinnernde Rekonstruktionen der Patienten. Die Entstehung von Krankheiten oder speziellen Charaktereigenschaften wird erklärt aus der Abfolge bestimmter psycho-physischer Entwicklungsstufen, die jeweils auf eine bestimmte Weise „libidinös besetzt" sind, in denen das Kind also nach spezifischen Befriedigungen seiner Wünsche sucht. Kommt diese Befriedigung oder eine ausreichende Ersatzbefriedigung nicht zustande und können auch keine Abwehrmechanismen (Verdrängung, Projektion, Sublimierung) aktiviert werden, dann kommt es früher oder später zu psychischen Störungen. Dieses Schema der psychischen Entwick-

Familiensozialisation und Psychoanalyse

lung des Kindes wird von der Freudschen Psychoanalyse als universell angenommen, ebenso die sich daraus entwickelnden möglichen psychopathologischen Folgen. Im Zentrum der Freudschen Psychopathologie steht der Ödipus-Komplex, also jene Konstellation, in der sich die Libido des Kindes auf den gegengeschlechtlichen Elternteil und seine Aggression auf den gleichgeschlechtlichen richtet.

Aufgaben der Historischen Sozialisationsforschung

Aus der Sicht der Historischen Sozialisationsforschung ist zu fragen, inwieweit dieses Modell wirklich allgemeingültigen Charakter hat oder nicht sehr viel mehr gebunden ist an spezifische Sozialisationserfahrungen von Kindern in der bürgerlichen Gesellschaft des ausgehenden 19. Jahrhundert. Dafür würde zum Beispiel die Tatsache sprechen, daß bestimmte klassische psychische Störungen, die gerade mit dem Ödipus-Komplex verbunden sind, wie die Hysterie, inzwischen praktisch nicht mehr auftreten. Auch die literarische Verarbeitung dieses Themas in den unzähligen Vatermord-Geschichten scheint ein Phänomen gewesen zu sein, das sehr eng mit der bürgerlichen Gesellschaft des ausgehenden 19. und frühen 20. Jahrhunderts verbunden war [231: RADKAU, Ära 219 ff.]. Schließlich hat auch die Ethnopsychoanalyse, also die psychoanalytische Forschung in außereuropäischen Kulturen, Bedenken gegen die Universalität dieses Konzepts geäußert [216: DEVEREUX, Ethnopsychoanalyse, 173 ff.]. In diesem Sinne wären die klassische Psychoanalyse und die von ihr dargestellten Krankengeschichten ein außerordentlich interessantes und wertvolles Quellenmaterial für die Rekonstruktion der lebensgeschichtlichen Bedeutung bürgerlicher Familiensozialisation um die Jahrhundertwende.

historische Grenzen psychoanalytischer Theorien

Auf der anderen Seite würde dies bedeuten, daß das Freudsche Modell und die von ihm abgeleiteten Theorien für eine Historische Sozialisationsforschung letztlich nur eingeschränkt tauglich sind. Dieser Einwand wurde zum Beispiel vorgebracht gegen Eriksons psychoanalytische Biographie Martin Luthers, aber auch gegen die ohnehin nicht sehr differenzierten psychohistorischen Entwicklungstheorien von Lloyd De Mause, der die zunehmende Hinwendung zum Kind und das Verständnis für seine Bedürfnisse als Grundlage eines säkularen gesellschaftlichen Fortschritts interpretiert [215: DE MAUSE, Kinder, 12 ff.]. De Mause schreibt, so drückt es ein Kritiker aus, „wie ein Historiker der Aufklärung, der die barbarischen Praktiken der Vergangenheit betrachtet" und sie in Begriffen der Psychopathologie interpretiert [221: HENNOCK, 236 f.].

Die Historische Sozialisationsforschung steht also vor dem Problem, daß sie auf der einen Seite für die Erklärung des Zusammenhangs zwischen familialer Erfahrung und individueller Entwicklung auf Modellbildungen wie die Freudsche Theorie angewiesen ist, auf der anderen Seite aber mit letztlich ahistorisch konzipierten Theorien kaum zu befriedigenden Ergebnissen kommen kann. Eine historische Theorie der Persönlichkeitsentwicklung ist jedoch erst punktuell entworfen. Viele Studien über Familiensozialisation arbeiten daher auch eher mit einem „Common Sense-Ansatz" als mit expliziten sozialisationstheoretischen Modellen. Einen ersten Rahmen geben jedoch zwei Ansätze, die auf je unterschiedliche Weise versuchen, moderne Persönlichkeitsstrukturen von vormodernen abzugrenzen und sie auf bestimmte Einflüsse inner- und außerfamilialer Sozialisation zurückzuführen.

historische Theorie der Persönlichkeitsentwicklung

3.2 Kollektive und individualisierende Formen der Sozialisation

Der Zusammenhang zwischen allgemeiner Gesellschaftsstruktur, konkreter Sozialisationserfahrung und Persönlichkeitsbildung wird auch außerhalb der Psychoanalyse schon seit langem in verschiedenen wissenschaftlichen Kontexten diskutiert. Innerhalb der Pädagogik etablierte sich bereits zu Beginn dieses Jahrhunderts eine Richtung, die in sogenannten Milieustudien diese Zusammenhänge aufzuhellen versuchte [217: DIETZ, Dorf; 224: HETZER, Kindheit; 230: PFEIL, Großstadtkind]. Innerhalb der amerikanischen Kulturanthropologie gibt es eine spezielle Richtung der „Culture and Personality"-Forschung, die in vergleichenden Studien der Herausbildung von kulturspezifischen Persönlichkeitsstrukturen nachgeht [233: SCHOENE, Psychoanalyse]. Auch für die europäische und deutsche Geschichte wurde nun gefragt, durch welchen Wandel der Sozialisationserfahrung der allgemein konstatierte Prozeß einer stärkeren Ausbildung von Individualität und Autonomie im Individuum begünstigt worden ist bzw. welche Erziehungserfahrungen die Menschen früherer Zeiten stärker in die Gemeinschaft einbanden. Edward Shorter konstatierte in seinem Buch über die „Geburt der modernen Familie", daß die jungen Menschen seit dem ausgehenden 18. Jahrhundert nicht mehr bereit gewesen seien, die Eingriffe der Gemeinschaft in ihre Partnerwahl und Privatsphäre zu akzeptieren. Jürgen Schlumbohm stellte die umgekehrte Frage, „ob entsprechende kollektive Verhaltensweisen nicht auch positiv in den Menschen verankert waren" [232: SCHLUMBOHM, Straße, 698] und ging diesem Problem anhand der Verhaltensweisen des kleinen Bürgertums um 1800 nach. Sowohl das wirtschaftliche als auch das soziale Verhalten des kleinen Bürgertums war noch stark in kollektive Bezüge eingebunden und nicht auf die individuelle Entfaltung und Konkurrenz angelegt. Die Disposition zu diesem Verhalten konnte nach Schlumbohm kaum durch die

pädagogische Milieustudien

„Culture and Pesonality"-Forschung

individualisierende und kollektivierende Sozialisationsformen überlegene Machtstellung der Eltern und den strengen Erziehungsstil innerhalb der Familie vermittelt werden. Bei der Analyse von Biographien stieß Schlumbohm jedoch auf einen anderen, nicht nur für die Jugendlichen, sondern auch schon für die Kinder des Kleinbürgertums *Straße als* außerordentlich wichtigen Sozialisationsort, die Straße. Hier hätten die *Sozialisationsort* Kinder nicht nur erlebt, „welche Bedeutung die Normen einer stark kollektiven Lebensweise für ihre Eltern hatten", sondern hätten sich selbst in den „Kinderrepubliken" in solche Muster einfügen können [232: SCHLUMBOHM, Straße, 108 ff.].

Im gehobenen städtischen Bürgertum dagegen seien die Kinder seit 1800 zunehmend von dieser Erfahrungswelt abgeschnitten worden. Die Beschränkung ihres Lebensbereiches auf die von der Mutter dominierte Familie habe bewirkt, daß das Kind nun ohne den Rückhalt einer Gruppe von Gleichgestellten den Eltern und vor allem der Mutter als *bürgerlicher* ihm überlegenen Personen allein gegenüberstand. Die starke affektive *Sozialisationstyp* Zuwendung der Eltern, aber auch ihre deutlichen positiven und negativen Sanktionen hätten fördernd auf die intellektuelle Entwicklung und auf die Verinnerlichung von Normen eingewirkt. Die Kinder des städtischen Bürgertums orientierten sich also nicht so sehr an den Erwartungen einer Gruppe, sondern an denen ihres eigenen „Über-Ich". Mit dieser „verinnerlichten Verhaltensdisziplin" und der damit verbundenen Leistungsmotivation schuf die intimisierte bürgerliche Familie einen Sozialisationstyp, der der modernen Marktgesellschaft mit ihrer erhöhten Mobilität und ihrer individualistischen Wirtschaftsweise entsprechend angepaßt war.

Dies heißt aber nicht, daß die Straße als Lernort bereits um 1800 an Bedeutung verloren hätte. Im Gegenteil, Untersuchungen im Bereich der Historischen Pädagogik haben gezeigt, daß sie bis weit in dieses Jahrhundert hinein für die Kinder der Arbeiterschaft, aber auch des kleinen Bürgertums eine immer wichtigere Rolle spielte, daß ihre Be- *anhaltende Bedeu-* deutung vielleicht erst in dieser Zeit wirklich einsetzte. Denn die Straße *tung der Straße als* stellte für die Kinder dieser Schichten nicht nur auch eine Gegenwelt zu *Sozialisationsort* der hierarchisch strukturierten Familie, sondern auch einen erweiterten Wohnraum dar, der die im Zuge von Industrialisierung und Urbanisierung zunehmend enger werdenden häuslichen Wohnverhältnisse kompensieren mußte.[239: ZINNECKER, Straßensozialisation].

Die Straße sollte deshalb auch nicht zu einem Ort idyllischer Kinder- und Jugendfreiheit stilisiert werden. Sie wurde nicht nur freiwillig aufgesucht und war speziell für die Kinder kein einfacher Lernort. Kinder und Jugendliche mußten hier um Positionen kämpfen. Auch die Straße hatte ihre Hierarchie. Übersehen sollte man auch nicht, daß im

Bereich der sekundären, nachfamilialen Sozialisation die Straße als
Lernort erst wirklich an Bedeutung gewann, als sich andere traditionelle Gruppenbindungen der vorindustriellen Gesellschaft auflösten.
Waren Jugendliche als Handwerksgesellen oder auch als Knechte oder
Mägde auf dem Land eingebunden in etablierte Berufs- und Alters-
verbände, so bedeutete der Aufenthalt der Jugendlichen auf der Straße
zunächst einmal, daß für die jungen Arbeiter solche brauchmäßig re-
gulierten Einbindungen in etablierte Gruppen nicht mehr existierten.   Straße und Arbeiter-
Dieses „industrie-gesellschaftliche Sozialisationsvakuum" (Tenfelde)   jugend
wurde erst allmählich von dem sich entfaltenden Vereinswesen gefüllt,
das der Straße Konkurrenz machen sollte und wollte, aber nicht mehr in
gleicher Weise eine autonome Welt der Jugendlichen darstellte. Denn
die Vereine waren stärker an die Welt der Erwachsenen und ihre Organisationen und Ziele angebunden.

Bei aller Ambivalenz, mit der die Straße als Sozialisationsinstanz
betrachtet werden muß, ziehen auf Oral history und Ego-Dokumenten
beruhende Untersuchungen dann in der Regel doch eine eher positive
Bilanz ihrer lebensgeschichtlichen Bedeutung. Die Straße gewährte
nicht nur Freiräume, sondern verstärkte auch die Ausrichtung des Verhaltens der Kinder an den Werten und Anforderungen von im Prinzip
egalitären Gruppen. Sie prägte dadurch früh das proletarische Verständnis von Öffentlichkeit und Solidarität und wurde so zu einem wesentlichen Faktor der Herausbildung einer eigenständigen städtischen Arbeiterkultur und dichter soziokultureller „Milieus", die sehr stark als Hei-
mat empfunden werden konnten [239: ZINNECKER, Straßensozialisation; 238: DERS., Straßenkind].

3.3 Adoleszenzkrisen als historisches Phänomen

Die Psychoanalyse geht von feststehenden Entwicklungsstufen aus, die
das menschliche Individuum im Prozeß des Heranwachsens und der
Reifung durchläuft. Freud hatte sich auf die frühkindliche Phase konzentriert. Andere Psychoanalytiker, vor allem Erik H. Erikson, haben   psychoanalytische
dieses Modell erweitert und im Rahmen einer „epigenetischen Ent-   Adoleszenztheorien
wicklungstheorie" auch das Schulalter und vor allem die Adoleszenz
mit einbezogen. Die Adoleszenz ist für Erikson die Phase, in der die
Konflikte aller früheren Entwicklungsstufen noch einmal aufbrechen
können bzw. in der die früheren Lösungen vom Heranwachsenden zu
einem festen Persönlichkeitsmuster integriert werden. Die Adoleszenz
ist somit eine besonders krisenanfällige Zeit.[218: ERIKSON, Identität,
55 ff.].

Seit dem ausgehenden 19. Jahrhundert wird das Konzept der Adoleszenz breit diskutiert. Psychologen, Sozialarbeiter und Geistliche beschäftigen sich seither intensiv mit dem Problem „Jugend". Jugendliche erscheinen als eine per se gefährdete und potentiell deviante Gruppe [316: DUDEK, Jugend; 323: KETT, Rites; 331: ROTH, Erfindung; 318: GILLIS, Geschichte].

Adoleszenzkrise als Thema der Sozialwissenschaften und der Sozialpolitik

Hintergrund dieser breiten Debatte über das „Jugendproblem" waren zum einen die Generationenkonflikte bürgerlicher Jugend und ihr Pochen auf Eigenständigkeit im Rahmen der Jugendbewegung, zum anderen die großstädtische Arbeiterjugend, deren Lebensweise und Verhalten mit den älteren bürgerlichen Jugendkonzepten des 19. Jahrhunderts nicht in Übereinstimmung zu bringen waren. Dahinter aber stand zugleich auch ein genereller Prozeß der Verjüngung der Gesamtbevölkerung, der sich in den Großstädten besonders deutlich zeigte [333: TENFELDE, Großstadtjugend].

städtische Jugend als Problemjugend

Das Bild von Jugend hat sich also aufgrund des Wandels der demographischen und sozioökonomischen Lage der Jugendlichen an der Wende vom 19. zum 20. Jahrhundert verändert. Moderne Adoleszenztheorien spiegeln genau diesen Wandel wider. Das bedeutet jedoch, daß man mit der Rückprojizierung von psychischen Verlaufsmodellen vorsichtig sein sollte. Analysen zur Geschichte der ländlichen Jugend zeigten, daß ihre Verhaltensmuster auch noch im ausgehenden 19. und frühen 20. Jahrhundert wenig Anzeichen solcher Adoleszenzkrisen vermittelten. Rebellion, Bindung an Führerpersönlichkeiten, Einsatz für eine selbstgestaltete Zukunft – diese Verhaltensmerkmale bürgerlicher Adoleszenz fanden sich bei den Landjugendlichen gerade nicht. In sozialen Gruppen, in denen die Zukunft der Kinder durch Besitz und soziale Stellung der Familie noch weitgehend vorgezeichnet war, wo starke Verhaltenstraditionen die familialen und öffentlichen Interaktionsformen weitgehend normierten und wo die Erziehung auf die Vermittlung lokalspezifischer und kollektiver Verhaltensmuster ausgerichtet war, konnten die Konflikte, die die Jugend des Bürgertums bestimmten, nicht aufbrechen [317: GESTRICH, Jugendkultur, 175; 324: MITTERAUER, Sozialgeschichte, 6 ff.].

geringe Bedeutung von Adoleszenzkrisen für Landjugend

Eine Untersuchung von Thomas Ziehe hat schließlich gezeigt, daß das bürgerliche Adoleszenzmodell in der Gegenwart bereits wieder zu verblassen beginnt. Wenn man als einen zentralen Konflikt der Adoleszenz den Kampf gegen die alten Autoritäten, also auch gegen den Vater, annimmt und ihn psychoanalytisch als Fortsetzung des ödipalen Konflikts deutet, so hat nach Ziehe der Wandel der Familienerziehung, vor allem das zunehmende Wegfallen väterlicher Autorität, erhebliche

Konsequenzen für die Formen der Identitätsbildung in dieser Phase der frühen Jugend. Ziehe sieht einen Zusammenhang zwischen diesem neuen Erziehungsstil und einer Abnahme von Leistungsbereitschaft bzw. zunehmender hedonistischer und narzißtischer Orientierung der Heranwachsenden. Er spricht in diesem Zusammenhang vom Aufkommen eines „neuen Sozialisationstyps" [237: ZIEHE, Pubertät].

„neuer Soziali-
sationstyp"

4. Familie in der Frauen- und Geschlechtergeschichte

Konstanz und Wandel in der Lebenswirklichkeit von Frauen sind eng mit dem Thema „Familie" verknüpft. Hier fand und findet durch die Realisierung gesellschaftlicher Rollenmuster und geschlechtsspezifischer Arbeitsteilung die Reproduktion sozialer Ungleichheit zwischen Mann und Frau in verdichteter Weise statt. Die Frauen- und Geschlechtergeschichte hat daher der Familie von Anfang an große Aufmerksamkeit geschenkt. Im Wandel des Umgangs mit diesem Thema spiegeln sich zugleich die Veränderungen und Fortschritte im Selbstbewußtsein und im Forschungsstand der historischen Frauenforschung. Sie hat sich in den letzten beiden Jahrzehnten von einer Frauengeschichte im engeren Sinne zu einer umfassenden Geschlechtergeschichte entwickelt [250: BOCK, Frauenforschung]. Ein wichtiger Ausgangspunkt der kritischen, feministisch orientierten Frauengeschichtsschreibung war die Analyse der wirtschaftlichen Bedeutung der Hausarbeit und der Ausbeutung weiblicher Arbeitskraft. Mit der Entwicklung der Frauengeschichte zur Geschlechtergeschichte kamen auch die anderen sozialen Beziehungen innerhalb der Familie stärker ins Blickfeld der Frauengeschichte, vor allem die Manifestationen ehelicher Machtverhältnisse in der Definition der Geschlechtsrollen, in den unterschiedlichen Lebenslaufmustern von Männern und Frauen, in der geschlechtsspezifischen Sozialisation oder auch in den sexuellen Beziehungen in der Ehe.

Wandel der Themen
in der Frauen-
und Geschlechter-
geschichte

4.1 Die Hausfrau als „Proletarier" der Familie

Die historische Frauenforschung der 1960er und 1970er Jahre war stark geprägt von der kritischen Auseinandersetzung mit der marxistischen Wirtschafts- und Arbeitswerttheorie. Marx und Engels hatten zwar in verschiedenen Schriften die Unterdrückung der Frauen thematisiert, dem weiblichen Arbeits- und Lebenszusammenhang aber wenig theoretische Aufmerksamkeit geschenkt. Während in dem für die

Marxschen Frühschriften charakteristischen weiten Produktions- und Arbeitsbegriff die weibliche Produktion als Ergänzung zur Produktion im Lohnarbeitsverhältnis noch berücksichtigt wurde, spielte sie in den späteren Arbeiten zur politischen Ökonomie keine Rolle. Hausarbeit wurde in diesen Untersuchungen nicht als eine im ökonomischen Sinn wertschaffende Arbeit gesehen, da es sich nicht um eine marktvermittelte Form der Produktion handelt und daher auch kein „Mehrwert" erzielt und abgeschöpft werden kann. Das hatte zur Folge, daß – im Gegensatz zur lohnabhängigen Arbeit im Produktionsbereich – die in der Regel von Frauen geleistete häusliche „Reproduktionsarbeit" von Marx und Engels auch nicht in die Analyse von Ausbeutung und Entfremdung einbezogen wurde [245: BEER, Geschlecht, 49].

Dagegen hat die feministische Forschung versucht, Hausarbeit als im ökonomischen Sinn wertschaffende Arbeit zu definieren. Auf diese Weise wollte man die Basis legen für eine umfassende Gesellschaftskritik, in der das Geschlechterverhältnis als gleichberechtigte Kategorie sozialer Ungleichheit und wirtschaftlicher Ausbeutung neben dem Klassenverhältnis stehen sollte. Hausarbeit sei nicht nur sozial „wertvoll", sondern schaffe auch konkrete ökonomische Werte, die bezahlt werden müßten, wenn sie in Lohnarbeit erbracht würden. Dieser Lohn werde den Frauen aber vorenthalten. Da Hausfrauen nicht in Lohnarbeitsverhältnissen ständen, hätten sie eine „Klassenlage", die „Sklaverei, aber auch Leibeigenschaft gleichzeitig beinhaltete, und außerdem der eines Pächters bzw. Parzellenbauern vergleichbar wäre, wobei die Arbeit insgesamt unter das Kapitalverhältnis subsumiert ist" [442: WERLHOF, Frauenarbeit, 26]. Das würde in marxistischer Terminologie

bedeuten, daß Frauen zwei Ausbeuter hätten, von denen sich der eine den absoluten Mehrwert ihrer Arbeit, nämlich die Bereitstellung von Arbeitskraft für den Kapitalisten durch Geburt, Ernährung und Erziehung von Kindern, und der andere eine „Differenzialrente" aneigne in der Form der Wiederherstellung der Arbeitskraft des Mannes durch die Hausarbeit und Fürsorge der Frau [309: WERLHOF, Frauenarbeit].

Dieser Versuch einer direkten Übertragung der marxistischen Arbeitswertlehre auf die Hausarbeit wurde in den 1980er Jahren vor allem von Ursula Beer einer systematischen Kritik unterzogen. Sie wies darauf hin, daß diese Argumentation den Bruch im marxistischen Werk zwischen dem emphatischen Arbeitsbegriff der Frühphase und dem ganz eng auf die Mehrwertproduktion eingeschränkten Arbeitswertbegriff der ökonomischen Hauptschriften verkenne und verwische. Folge davon sei ein Ökonomismus, der dem Terminus „Hausarbeit" alle familialen Leistungen der Frau zuschlagen müsse. Kindererziehung und das

Verhältnis zwischen den Ehepartnern würden zur „Beziehungsarbeit", der „reziproke Charakter von familialen und insbesondere von ehelich intimen Beziehungen" werde dabei verkannt [245: BEER, Geschlecht, 50 f.; 277: KONTOS/WALSER, Probleme]. Durch diese Interpretation von Mutterschaft und Gattenbeziehung als ein verstecktes Lohnarbeitsverhältnis werde dann der Lohnarbeiter außerdem „zum ‚Ausbeuter' der Arbeitskraft einer Hausfrau und des Sexualvermögens einer Ehefrau deklariert" [245: BEER, Geschlecht, 52]. Dabei werde übersehen, daß auch die Marxsche Analyse des Lohnarbeiterverhältnisses nicht auf subjektives Verhalten, sondern auf objektive Klassenlage ziele und daher nicht prinzipiell personifiziert werden dürfe.

Die Definition der Hausfrau als „Proletarier" der Familie stellt zugleich eine Theorie des Wandels der Rolle der Frau im Wirtschaftsleben dar, die sich unter dem Stichwort der „Domestizierung" oder auch „Hausfrauisierung" der Frau und besonders der weiblichen Arbeiterinnen zusammenfassen läßt. Diese Theorie geht davon aus, daß es im Zuge der Durchsetzung der kapitalistischen Produktionsweise zu einer zunehmenden Ausdifferenzierung von Produktion und Konsumtion, von Erwerb und Familie gekommen sei. Erst diese moderne, als Gegenwelt zur Produktion aufgefaßte Familie habe dann die Hausfrau und die Hausarbeit im modernen Sinne hervorgebracht [253: BOCK/DUDEN, Arbeit; 71: ROSENBAUM, Formen, 371 ff.]. Im Bürgertum sei dieser Prozeß begleitet gewesen von dem Rückgang der häuslichen Dienstboten, die die Frau ursprünglich von der Handarbeit entlastet und zu einer ‚Managerin' des Haushalts gemacht hätten [286: MEYER, Arbeit; 296: SCHILDT, Frauenarbeit 41 f.]. Die „Verbürgerlichung" des Proletariats und die Verdrängung der Frauen aus dem Arbeitsprozeß habe zu einer Generalisierung dieses Muster geführt und die Hausarbeit zu einem Charakteristikum der sozialen Lage praktisch aller Frauen gemacht. R. Becker-Schmidt spricht in diesem Zusammenhang auch von der „doppelten Vergesellschaftung" der Frau [243: R. BECKER-SCHMIDT, Vergesellschaftung]. Zum Teil wird die These von der „Hausfrauisierung" auch ausgedehnt auf die „Entwertung aller weiblichen Erwerbsarbeit im Kapitalismus" [287: MIES, Subsistenzproduktion, 118].

die Hausfrau als historisches Phänomen

Die These von der zunehmenden „Hausfrauisierung" hängt daher eng mit der Diskussion um das Verschwinden des klassischen Proletariats und das „Ende der Arbeiterkultur" (Tenfelde) zusammen. C. von Werlhof brachte dies auf die provozierende Formel „Der Proletarier ist tot. Es lebe die Hausfrau?" [310: WERLHOF, Proletarier]. Gegen diese These wurde allerdings zurecht eingewandt, daß weibliche Lohnarbeit ja keineswegs verschwand. Im Gegenteil, der Anteil verheirateter

Anstieg weiblicher Lohnarbeit

Frauen nahm gerade auch in der lohnabhängigen Arbeit kontinuierlich zu [245: BEER, Geschlecht 202 f.; 256: FREVERT, Frauen-Geschichte, 289 ff.]. Das heißt nicht, daß Frauen nicht in minderqualifizierte Berufe abgedrängt worden wären und trotz Berufsarbeit auch für den ganzen Bereich der Hausarbeit zuständig gewesen wären. Es bedeutet aber, daß die schematische Trennung, die in der Frauenforschung vielfach zwischen dem männlichen Bereich der Öffentlichkeit und dem weiblichen der Familie und Privatheit gemacht wurde, so nicht aufrecht zu erhalten ist.

Formen weiblicher Öffentlichkeit

Der im Zuge der sozioökonomischen Veränderungen des 19. Jahrhunderts entstandene eigenständige Bereich der von der Erwerbsarbeit losgelösten Hausarbeit wurde zwar ganz den Frauen zugewiesen, aber selbst bürgerliche Frauen, die keiner weiteren Erwerbsarbeit nachgingen, waren deshalb weder ausschließlich auf die private Sphäre beschränkt, noch können sie umstandslos als Opfer männlicher Unterdrückung bezeichnet werden. Besonders die neuere, sozial- und kulturanthropologische Frauenforschung weist darauf hin, daß Frauen den privaten Raum der Familie durchaus auch verließen und über Verwandtschaft, religiöse Gruppen und andere Formen der Geselligkeit eine eigene, geschlechtspezifische Öffentlichkeit besaßen [zusammenfassender Literaturbericht bei 262: HABERMAS, Geschlechtergeschichte, 500 ff.]. Zum anderen wendet sich die neuere, anthropologisch orientierte Frauenforschung immer stärker davon ab, Frauen lediglich in einer Opferrolle und als passive Objekte von Ausbeutung und Unterdrückung zu sehen. Sie richtet das Augenmerk vielmehr auf die Familie zum einen als Bereich des Aushandelns von Machtpositionen, zum anderen auf die gemeinsamen Strategien von Mann und Frau, um das materielle Überleben und die Erziehung der Kinder zu sichern [270: HUDSON/LEE (Hg.), Women's Work; 280: KUHN, Hausfrauenarbeit; 262: HABERMAS, Geschlechtergeschichte, 507 ff.].

Kritik an der angeblichen Opferrolle der Frauen

Allerdings scheint die gegenüber der älteren Unterdrückungsgeschichte sicher notwendige Relativierung und Betonung des eigenständigen Handelns von Frauen Gefahr zu laufen, die strukturellen Zwänge und auch die Folgen geschlechtsspezifischer Sozialisation zu vernachlässigen und dadurch Chancenungleichheit und auch Unterdrückung und Ausbeutung von Frauen etwas aus dem Blick zu verlieren. In dieser gewandelten Sichtweise der Frauenforschung mag sich auch der Wandel des realen Status und der veränderten Chancen gerade jüngerer Frauen widerspiegeln, für die das traditionelle Lebenslaufmuster besonders bürgerlicher Frauen heute keine universale Gültigkeit mehr besitzt. Die moderne Gesellschaft verlangt von Frauen zunehmend Strate-

Gefahr anachronistischer Sichtweisen

gien der Lebensplanung und aktive Prozesse des Aushandelns, um immer noch bestehende Rollenanforderungen und eigene Lebensentwürfe
zu koordinieren. Eine weibliche Normalbiographie gibt es praktisch
nicht mehr [259: GEISSLER/OECHSLE, Lebensplanung]. Ob die modernen Schlüsselbegriffe wie Handlungsspielräume, Lebensplanung,
Machtstrategien aber der Situation von Frauen in der Vergangenheit
immer angemessen sind, kann bezweifelt werden. Auf jeden Fall sollte
die neue Geschlechtergeschichte ihren aktuellen Zeitbezug und die daraus entstehenden Erkenntnisinteressen ebenfalls kritisch reflektieren.

4.2 Historische Entwicklung der Geschlechtsrollen und geschlechtsspezifische Arbeitsteilung

Daß Geschlecht eine biologische und eine kulturelle Bedeutung hat,
wurde von der Frauenforschung schon früh betont. Im angelsächsischen unterscheidet man daher zwischen sex und gender [290: OAKE
LEY, Sex, 16]. Die kulturelle Dimension der Kategorie „Geschlecht" ist   sex und gender
einem historischen Wandel unterworfen, der eng zusammenhängt mit
der institutionellen Verfestigung der Geschlechterbeziehungen in der
Familie. In der deutschen Diskussion hat Karin Hausen in einem viel
beachteten Aufsatz über „Die Polarisierung der Geschlechtscharaktere   „Polarisierung
– eine Spiegelung der Dissoziation von Erwerbs- und Familienleben"   der Geschlechts-
im Jahr 1976 auf diese Zusammenhänge erstmals hingewiesen [265:   charaktere"
HAUSEN, Polarisierung]. Ausgehend von Beschreibungen der „Gattungsmerkmale von Mann und Frau" in Lexika, medizinischen oder
auch pädagogischen Schriften meinte Hausen feststellen zu können,
daß im ausgehenden 18. Jahrhundert jenes dualistische System aufkam,
das Männern Aktivität, Energie, Selbständigkeit, Rationalität zuweist
und das Wesen der Frau mit Begriffen wie Passivität, Hingebung und
Emotionalität beschreibt. Diese Unterschiede wurden dadurch praktisch in der Biologie der Geschlechter verankert. Hinter diesem Prozeß   Biologisierung der
stand nach Hausen der Wandel der realen Familienverhältnisse, der   Geschlechtsunter-
speziell im Bürgertum die Frau auf den Bereich der Privatheit, der Fa   schiede
milie, der Kindererziehung verwiesen habe, während Männer nun in
dem familienfernen Bereich der Erwerbsarbeit und bürgerlichen Öffentlichkeit agierten. Diese Polarisierung der Geschlechtscharaktere sei
neu gewesen und habe die ältere Einteilung der Bevölkerung nach
Ständen abgelöst. Sie entspreche damit dem Übergang vom „ganzen
Haus" zur bürgerlichen Kernfamilie. Die Biologisierung der Geschlechtsunterschiede habe das Fortbestehen patriarchalischer Herrschaft unter diesen veränderten Verhältnissen gesichert.

Auf ähnliche Weise, wenn auch aus etwas anderer Perspektive, beschrieb Ute Frevert die Definition von Geschlechtsrollen an der Wende vom 18. zum 19. Jahrhundert. Ausgehend von den Texten aufklärerischer „Meisterdenker" (Frevert), analysierte sie die Inkonsistenz dieser männlichen Philosophen, die über Menschenrechte redeten, diese in abenteuerlichen Formulierungen dann aber immer wieder in Männerrechte umdeuteten und dadurch die politische, rechtliche und soziale Ungleichheit der Geschlechter philosophisch untermauerten. Das Ergebnis war auch hier, daß „die Bindung der Frau an Haushalt und Familie, die Ausrichtung des Mannes auf Öffentlichkeit, Recht und Staat als grundlegendes, unabänderliches Muster gesellschaftlicher Arbeitsteilung festgeschrieben" wurde [258: FREVERT, Meisterdenker, 30].

Menschenrechte als Männerrechte

An diesen Modellen wurde innerhalb der Frauengeschichtsschreibung verschiedentlich Kritik geübt. Brita Rang wandte gegen Karin Hausen ein, daß geschlechtspolare Muster keine „Erfindung" des ausgehenden 18. Jahrhunderts gewesen seien. Sie lassen sich in der einschlägigen philosophischen oder theologischen Literatur in der Tat durch die gesamte europäische Geschichte verfolgen. Das dualistische Denken über Mann und Frau kann daher nicht als direkte „Widerspiegelung" eines realgeschichtlichen Wandels der Sozial- und Familienstruktur interpretiert werden. Rang sieht in der Geschlechtscharakter-Diskussion des ausgehenden 18. Jahrhundert nichts Neues, sondern nur den konservativen Versuch, angesichts der emanzipatorischen Elemente des modernen Naturrechts an den alten Rollenmustern festzuhalten. Sie müßten daher als Zeichen des Konflikts und nicht als Ausdruck der gelungenen „patriarchalischen Herrschaftsabsicherung" (Hausen) gewertet werden [294: RANG, Geschichte, 198].

dualistische Geschlechterkonstruktionen nichts Neues

Gegen Ansätze wie die von Hausen oder Frevert wurde zudem eingewandt, daß die Untersuchung männlicher Weiblichkeitsdiskurse nicht der Frauen-, sondern der Männergeschichte zugehöre. Hier würden zudem normative Aussagen mit der realen Befindlichkeit und dem Selbstbild von Frauen verwechselt [251: BOCK, Geschichte, 382; 262: HABERMAS, Geschlechtergeschichte, 490 f.]. Die neuere Frauenforschung untersucht demgegenüber Frauen mehr als eigenständig handelnde Personen. Gerade im Bereich der Familie, der Partnerbeziehungen und speziell auch der Sexualität waren Frauen keineswegs die ausschließlich passiven Opfer. Bei unehelichen Schwangerschaften und überhaupt im Bereich der vorehelichen Sexualität wurden Frauen nicht nur ausgenützt. Voreheliche Sexualität und Partnerwahl waren speziell auf dem Land und in Arbeiterkreisen auch für Frauen eng miteinander verbunden; auch ihr Verhalten richtete sich nicht an den normativen

Frauengeschichte – Männergeschichte

Frauen nicht nur Opfer

Vorgaben der Kirche oder der staatlichen Gesetze, sondern an den traditionellen Formen der Eheanbahnung aus. Selbst für das Bürgertum konnte Peter Gay eindrucksvoll die Vielfalt der Handlungsmuster und auch die aktive Rolle von Frauen bei inner- und außerehelicher Sexualität belegen [123: GAY, Leidenschaft; 124: GAY, Erziehung; 262: HABERMAS, Geschlechtergeschichte; 263: HAGEMANN, Frauenalltag, 176 ff.; 106: LIPP, Innenseite]. Im Bereich der Ehekonflikte und der Ehescheidung zeigte sich durch das gesamte 19. und 20. Jahrhundert die aktive Rolle von Frauen, die sich gegen Unterdrückung und untragbare Zumutungen auch zu wehren wußten. Schließlich konnte Sabine Kienitz in einer mikrohistorischen Studie zu einer süddeutschen Kleinstadt nachweisen, daß Frauen zu Beginn des 19. Jahrhunderts selbst bei der Prostitution keineswegs nur Opfer der Umstände und der männlichen Herrschaft waren, sondern die männlich-bürgerliche Doppelmoral im Bereich der Sexualität auszunutzen wußten [273: KIENITZ, Sexualität, 94 ff., 293 ff.]

So bietet die Frauenforschung heute ein sehr viel komplexeres Bild von der Stellung der Frauen, die ihre Handlungsspielräume innerhalb der bestehenden Strukturen rechtlicher, sozialer und wirtschaftlicher Ungleichheit ausschöpften und Positionen verteidigten. Insgesamt wurden durch die anthropologische Familienforschung die dichotomischen Gegenüberstellungen von Frauen und Männern, von Rationalität und Emotionalität, Frauen- und Männerräumen, Privatheit und Öffentlichkeit aufgegeben zugunsten einer dynamischern Sichtweise von Beziehungen, gegenseitigen Ergänzungen, aber auch von Kämpfen um Macht, Zeit und Besitz.

Dynamik der Geschlechterbeziehungen

Gegen solche vor allem auf Familie, Konflikte und Sexualität konzentrierten Studien muß allerdings auch deutlich gemacht werden, daß gerade in der Berufswelt die Geschlechtertrennung und Geschlechtertypisierung von Arbeit weiterhin ein strukturbestimmendes, wenngleich auch nicht invariantes Merkmal blieb. Zwar interessiert sich inzwischen auch die Berufssoziologie für die Geschlechterdifferenzen weniger als Ausdruck angeblich biologisch determinierter Verhaltenspotentiale. Ihr geht es ebenfalls um ein Verständnis von geschlechtsspezifischer Arbeitsteilung im Rahmen der Gender-Forschung, also der Zuweisung unterschiedlicher Arbeitsbereiche „im Zusammenhang unterschiedlicher Realisationschancen, Macht- und Deutungskonstellationen" [275: KNAPP, Unterschiede, 165]. Im Ergebnis stößt man dann aber doch auf ziemlich invariante Strukturen der Arbeitsteilung und vor allem des „Geschlechtswechsels" von Berufen: Wurden bestimmte Tätigkeiten von Männer- zu Frauenberufen, so war das durchgehend mit

Geschlechtertypisierung wichtig in Berufswelt

einem Prestigeverlust verbunden, während der umgekehrte Prozeß immer eine Aufwertung und Professionalisierung dieser Arbeit bedeutete. Das läßt sich am Wechsel der Büroberufe vom Sekretär zur Sekretärin in der Zeit nach dem Ersten Weltkrieg ebenso zeigen [257: FREVERT, Klavier] wie an der rückläufigen Entwicklung im Zeichen des Einsatzes elektonischer Datenverarbeitung [267: HOFFMANN, Computerfrauen]. Gerade am Beispiel der Computerarbeit wird besonders deutlich, daß Geschlechtertypisierungen weiterhin ein zentrales Mittel sind, über das Männer ihre Kontrolle entweder über technisch besonders qualifizierte oder über besonders profitable und prestigeträchtige Tätigkeiten sichern [275: KNAPP, Unterschiede, 174].

Ähnliche Prozesse liefen schon früher und in anderen beruflichen Kontexten ab. Besonders in der Landwirtschaft ließen sich „Geschlechtswechsel" von Tätigkeiten je nach Marktverflechtung und Prestige der Arbeit feststellen. Stieg das Bargeldeinkommen bei einer traditionell weiblichen Tätigkeit, so ging sie meist in männliche Hände über [88: MITTERAUER, Arbeitsteilung, 883 ff.; 89: DERS. Familie]. Weniger qualifizierte Tätigkeiten wurden, auch bei der Einführung neuer Anbaufrüchte, in der Regel den Frauen zugewiesen. Besonders mühselige Arbeiten wie Rüben hacken und Kartoffeln lesen gehörten ebenfalls meist zu ihrem Aufgabenbereich. Auch die geschlechtsspezifisch ungleiche Verteilung von Arbeit und „Freizeit" war in der Landwirtschaft ein deutliches Statussymbol. Frauen hatten praktisch keine Muße. Die Änderung der Anbaufrüchte und -techniken im 19. Jahrhundert führte sogar noch zu einer Intensivierung der weiblichen Arbeitsbelastung. 16 bis 18 Stunden Arbeit am Tag wurden im 19. Jahrhundert für Bauersfrauen in vielen Regionen normal [91: PLANCK/ZICHE, Land- und Agrarsoziologie, 211; 78: BIDLINGMAIER, Bäuerin; 93: SABEAN, Intensivierung].

Allerdings ließen sich im Bereich der protoindustriellen Textilherstellung im ausgehenden 18. und frühen 19. Jahrhundert zum Teil auch umgekehrte Prozesse feststellen. In Heimarbeiterfamilien, bei denen sich die gewerbliche Arbeit der Frauen als wichtiger erwies, konnte die Haus- und Küchenarbeit von Männern übernommen werden [79: BRAUN, Industrialisierung; 71: ROSENBAUM, Formen, 229 f.; 109: QUATAERT, Combining; 92. DIES., Teamwork]. Derartige gegenläufige und meist durch die akute Not bedingte Entwicklungen waren historisch jedoch eher eine Ausnahme, wie auch heute der Verzicht eines Mannes auf die eigene Berufstätigkeit und die Übernahme der Rolle des „Hausmanns" zugunsten besserer beruflicher Chancen der Partnerin noch immer eine Seltenheit darstellt.

Marginalien:

Prestigeverlust bei „Geschlechtswechsel" von Berufen

höhere Marktorientierung landwirtschaftlicher Männerarbeiten

Intensivierung weiblicher Arbeitsbelastung

variable Geschlechtsrollen selten

Insgesamt zeigt sich gerade an der Untersuchung der geschlechtsspezifischen Berufschancen sehr deutlich, daß das Geschlechterverhältnis in seinen spezifischen Institutionalisierungen und Organisationsfor-
men nicht nur etwas „Gemachtes", nicht nur eine Sache des Aushan-
delns und der Machtstrategien ist. Das Geschlechterverhältnis ist viel-   Geschlechterverhält-
mehr auch etwas „Gewordenes". Es ist „Resultat historischer Struktu-   nis als Teil der Ge-
rierungs- und Sedimentierungsprozesse, die als geschichtlicher Über-   sellschaftsstruktur
hang gegenüber dem menschlichen Handeln ihr Eigengewicht und ihre
Eigengesetzlichkeit haben. Diese gesellschaftliche Objektivität tritt den
Handelnden als sozialer Zwang in Form von institutionalisierten Hand-
lungsbedingungen gegenüber" [241: BECKER-SCHMIDT/KNAPP, Geschlechterdifferenz, 42; 275: KNAPP, Unterschiede, 187].

4.3 Geschlechtsspezifische Sozialisationsforschung

Begreift man Geschlecht nicht nur als eine biologische, sondern auch
als eine soziale Kategorie, dann kommt der Frage, wie aus Kindern
Männer und Frauen werden, zentrale Bedeutung zu. Dennoch ist das
Feld der geschlechtsspezifischen Sozialisationsforschung historisch
noch sehr wenig bearbeitet und rückt erst in den letzten Jahren verstärkt
ins Blickfeld erziehungsgeschichtlicher und sozialhistorischer Arbeiten. Speziell die Jugendforschung war bislang stark auf die männliche
Jugend konzentriert. Eine Sozialgeschichte der Mädchen und der weib-   Jugendforschung auf
lichen Erziehung ist trotz einiger älterer Vorarbeiten erst neuerdings im   männliche Jugend
Entstehen [247: BENNINGHAUS, Jugendlichen; 274: KLEINAU/OPITZ, Ge-   konzentriert
schichte].
     Die Untersuchung der geschlechtsspezifischen Sozialisation läßt
sich nicht von der Analyse der schichtspezifischen trennen. Erzie-
hungsprozesse sind eingebettet in die sozialen und wirtschaftlichen
Strukturen der Familie und in bestimmte Milieus. Dennoch lassen sich
einige Schwerpunkte neuerer Forschung ausmachen, in denen dem
Faktor „Geschlecht" in der Sozialgeschichte der Mädchen und der
weiblichen Erziehung ein besonderes Gewicht beigemessen wird, auch
lassen sich spezifische Lebenslagen von und Institutionen für Mädchen
aufzeigen, die in letzter Zeit verstärktes Forschungsinteresse hervorge-
rufen haben.

4.3.1 Sozialisation und Lebenslauf von Frauen

Ein zentraler Themenkreis in der Erforschung des Lebenslaufs und des
Lebenszusammenhangs von Frauen ist die Übernahme von bzw. die   Übernahme von
Auseinandersetzung mit traditionellen Rollenvorgaben. Psychoanalyti-   Rollenvorgaben

sche, sozialpsychologische und sozialhistorische Ansätze sind dabei notwendig eng verzahnt und befruchten sich gegenseitig. Für den Gang der sozialhistorischen Erforschung von Sozialisationsprozessen ist kennzeichnend, daß auch hier zunächst der Wandel der normativen Vorgaben, des pädagogischen und literarischen Mädchen- und Frauenbildes untersucht wurde. Damit standen zugleich bürgerliche Lebensmuster und Vorbilder im Vordergrund des Interesses. So hat Elisabeth Blochmann in ihrem bahnbrechenden Buch über „Das Frauenzimmer und die Gelehrsamkeit" die Auseinandersetzungen an der Wende vom 18. zum 19. Jahrhundert um das Recht der Frauen auf Bildung und Entwicklung einerseits und ihre Festlegung auf die Rolle der Mütterlichkeit andererseits analysiert. Diese Festlegung der bürgerlichen Frauen auf die Rolle der Hausfrau und Mutter und die damit verbundene explizite antiintellektuelle Charakterisierung der Frau dominierte das pädagogische Schrifttum des 19. Jahrhunderts, die reale Erziehung der Mädchen und letztlich auch noch die frühe bürgerliche Frauenbewegung [249: BLOCHMANN, Frauenzimmer; 272: JACOBI-DITTRICH, Hausfrau, 262 ff.].

Erziehungspro-
gramm für Mädchen

Auch Mädchenbildung unterlag einem expliziten Erziehungsprogramm, für dessen familiale Umsetzung die Mütter verantwortlich waren. Der Kanon der bürgerlichen Mädchenbildung war vielfach Gegenstand frauenhistorischer Forschung. Bürgerliche Mädchen sollten „sittsam" und „fleißig" sein. Das bedeutete, daß sie die Kontrolle über ihren Körper erlernen und eine starke Fähigkeit zur Triebabwehr entwickeln sollten. Ein zentrales Mittel zur pädagogischen Umsetzung dieses Frauenbildes war die Einführung des Handarbeitens in die bürgerliche Mädchenbildung. In allen Lehrplänen von Töchterschulen und Mädchenpensionaten, aber auch in der häuslichen Erziehung wurde das Stricken vor dem Lesen- und Schreibenlernen zur Grundlage des Lehrplans. Mit vier Jahren sollten Mädchen mit dieser Ausbildung beginnen. In manchen Schulen wurden kleine Mädchen erst zum Unterricht zugelassen, wenn sie einen Strumpf stricken konnten [282: LADJ-TEICHMANN, Bildung, 223 ff.; 305: TORNIEPORTH, Studien, 79; 279: KÖSSLER, Mädchenkindheiten 71].

Körperhaltung und
Sittlichkeit

Die Disziplinierung der Mädchen von früher Kindheit an durch die Ruhigstellung ihres Körpers (es gab zahlreiche Schriften über die Körperhaltung bei der Handarbeit) war das erklärte Ziel dieser Erziehung zur Sittlichkeit. Dadurch wurde weibliche Erziehung ganz deutlich von der der männlichen Kinder und Jugendlichen abgegrenzt. Denn für die Jungen wurden Turnen und Leibesübungen als Mittel zur Aktivierung ihrer Körper seit dem Beginn des 19. Jahrhunderts für immer wichtiger gehalten. Mädchen sollten vor allem den unteren Teil ihres Körpers bei der Handarbeit ruhig halten, die Beine nicht übereinanderschlagen, aufrecht sitzen, Bewegung war nur mit den Armen und Händen erlaubt. Handarbeit wurde in Erziehungsschriften des 19. Jahrhunderts explizit auch als Mittel zur Kontrolle sexueller Regungen von Mädchen verstanden und eingesetzt. Die emanzipatorische Bedeutung der Forderung der Frauenbewegung nicht nur nach Frauenbildung, sondern auch nach Frauensport wird in diesem Kontext besonders deutlich [282: LADJ-TEICHMANN, Erziehung].

Textilarbeiten dienten aber nicht nur der Disziplin. Vor allem das Sticken besaß für bürgerliche Frauen, die in ihrem Haushalt durch die Dienstboten von aller schwereren Handarbeit entlastet waren, außerdem eine soziale Funktion. Durch ökonomisch sinnlose, ästhetische Arbeiten konnten sie zugleich den von ihnen geforderten bürgerlichen Fleiß und ihre Klassenzugehörigkeit zeigen [314: ZINNECKER, Sozialgeschichte, 102]. Der demonstrative Müßiggang adeliger Frauen wurde durch „zwecklose" Handarbeit ersetzt. Mädchen wurden daher auch sehr stark durch das Vorbild der Mutter in diese sozial signifikante Arbeit „hineinsozialisiert". *soziale Funktion des Handarbeitens*

Der Ausbruch aus diesen Rollenvorgaben – das zeigen verschiedene sozialisationstheoretische und -historische Studien – gelang im 19. Jahrhundert vor allem solchen Frauen, die eine starke Identifikation mit ihrem Vater aufbauen konnten. Bedeutsam scheint dafür die Stellung in der Geschwisterposition gewesen zu sein. Waren die Mädchen erste Kinder, so war die Wahrscheinlichkeit eines Ausbruchs aus den traditionellen Rollenmustern größer als bei jüngeren Geschwistern [242: BECKER-SCHMIDT, Jungen, 226 ff.; 272: JACOBI-DITTRICH, Hausfrau, 268 ff.]. Erst im 20. Jahrhundert, und ganz umfassend erst seit den 1960er Jahren, kam es zu einem Abbau der geschlechtsspezifischen (nicht der schichtspezifischen) Unterschiede der Bildungschancen für Mädchen. Die biographischen Weichen für unterschiedliche Berufs- und Lebensläufe von Mann und Frau werden heute allgemein deutlich später gestellt [69: RERRICH, Balanceakt, 98 f., 108 ff.]. *Ausbruch aus Rollenvorgaben*

Für Mädchen aus bäuerlichen und aus Arbeiterfamilien schuf der Zwang zur Mithilfe und zur frühen wirtschaftlichen Selbständigkeit einen ganz anderen Hintergrund für die lebensgeschichtliche Bedeutung von Arbeitserziehung und Arbeitsdisziplin. Dies wird in Arbeiten, die autobiographische Quellen oder lebensgeschichtliche Interviews auswerten, sehr deutlich. Durch Hunger und Armut war die Notwendigkeit zur Mithilfe für die Kinder noch oft genug am eigenen Leib erfahrbar. Der Zwang zur Arbeit konnte daher auch von Mädchen in einen kon- *biographische Bedeutung der Arbeitserziehung in Unterschichten* kreten Sinnzusammenhang integriert werden und wurde nicht als abstrakte pädagogische Maßnahme erlebt. Die Geschlechterdifferenz wurde bei der Kinderarbeit in diesen Schichten ohnehin nicht so deutlich markiert wie im Bürgertum, wo die textilen Handarbeiten ganz auf die Mädchen beschränkt waren [228: MUTSCHLER, Kindheit].

spätere Erfahrung geschlechtsspezifischer Ungleichheit Zu einer deutlichen Erfahrung von Ungleichheit kam es daher erst in späteren Jahren, meist wenn die Brüder eine Ausbildung machen durften, die Mädchen aber entweder im elterlichen Haushalt zu verbleiben oder Geld für die Ausbildung der Brüder zu verdienen hatten [311: WERNER, Arbeit 265; 228: MUTSCHLER, Kindheit]. Auf Arbeitermädchen traf auch diese Konstellation nur selten zu. Armut und Lohnabhängigkeit waren für sie daher prägendere Erfahrungen als die Ungleichheit zwischen den Geschlechtern. Die bürgerliche Frauenbewegung und ihre Ziele oder die Vorstellung einer klassenübergreifenden Frauensolidarität waren für die jungen Arbeiterinnen daher meist bedeutungslos [284: MAYNES, Ansätze 179].

Dienstjahre als Lebensphase von Mädchen Ein wichtiger Abschnitt im Lebenslauf von Mädchen und jungen Frauen besonders aus ländlichen Gebieten war der Dienst in fremden Haushalten, sei es als Magd in der Landwirtschaft oder als Dienstmädchen in bürgerlichen Haushalten in einer Stadt. Die Erforschung der Lebenssituation von Dienstmädchen war schon um die Jahrhundertwende Gegenstand verschiedener sozialstatistischer Untersuchungen [301: STATISTISCHES AMT IN MÜNCHEN, Dienstboten; 248: BERGER, Lage; 302: STILLICH, Lage]. An diese Forschungen wurde in den letzten Jahren wieder verstärkt angeknüpft, aber auch die lebensgeschichtliche Bedeutung und Verarbeitung dieser Lebensphase wurden vermehrt zum Gegenstand frauenhistorischer Untersuchungen [292: OTTMÜLLER, Dienstbotenfrage; 297: SCHULTE, Dienstmädchen; 312: WIERLING, Mädchen ; 335. DIES., Mädchen für alles].

Für die Situation der Dienstmädchen, die oft schon im Alter von 14 Jahren aus dem elterlichen Haushalt heraus in Stellung gegeben wurden, war kennzeichnend, daß sie einerseits räumlich stark an den neuen Haushalt gebunden waren und diesen aufgrund ihrer geringen Freizeit kaum verlassen konnten, andererseits aber im 19. Jahrhundert immer weniger in die Familien der Dienstherrschaft integriert wurden. soziale Situation von Dienstmädchen Prägend für die Dienstmädchenexistenz war die soziale Distanz zur Dienstherrschaft und dadurch auch die Vereinsamung. Dies wurde noch verschärft durch die Ausbeutung ihrer Arbeitskraft, ihre schlechte Bezahlung und die meist geringe Anerkennung ihrer Leistung. Viele Dienstmädchen bewältigten diese Situation nicht. Prostitution und Selbstmord waren die häufige Folge. Nach den Soldaten

wiesen die Dienstmädchen im 19. Jahrhundert die höchste Selbst-
mordrate auf [312: SCHULTE, Dienstmädchen, 910 ff.; 299: DIES.,
Sperrbezirke].

4.3.2 Religion und weibliche Sozialisation

Im Hinblick auf die Religion und die Religiosität waren für das
19. Jahrhundert zwei gegenläufige Prozesse kennzeichnend: zum einen
eine zunehmende Säkularisierung und Entkirchlichung der Gesellschaft und zum anderen ein Aufstieg religiöser Erweckungsbewegungen. Beide Prozesse zeigten, daß Frauen mit der Religion stärker verbunden waren als Männer. Sie waren die kirchlich Aktiveren und vielfach auch führend in den Erweckungsbewegungen. Empfänglichkeit
für Religiöses wurde – im Gegensatz zur „Rationalität" der Männer –
im 19. Jahrhundert geradezu als Teil des weiblichen Geschlechtscha-
rakters angesehen [285: McLEOD, Frömmigkeit, 141 ff.; 268: HÖL-
SCHER, Religiosität, 49 ff.].

stärkere Religiosität und Kirchlichkeit von Frauen

Waren in der Frühen Neuzeit die religiöse Instruktion der Familie
und auch die Überwachung der Einhaltung kirchlicher Normen und
Pflichten in erster Linie eine Aufgabe der Hausväter, so ging die Ver-
antwortlichkeit für diesen Bereich im Laufe des 19. und frühen
20. Jahrhunderts immer mehr auf die Mütter über. Sie waren seit dem
Ende des 19. Jahrhunderts in beiden großen Konfessionen wie auch bei
den kleineren christlichen Gemeinschaften beim Kirchgang und allen
religiösen Aktivitäten überrepräsentiert, in kirchlichen Gremien und
Leitungsfunktionen dagegen kaum je vertreten. Bei den Klosterneu-
gründungen des 19. Jahrhunderts dominierten weibliche Orden, und
protestantischen Frauen erschloß sich in der Diakonie nun ein eigenes
und gesuchtes Berufsfeld [306: PRELINGER, Charity; 268: HÖLSCHER,
Religiosität, 50].

Religion in der Familie wird zur Domäne der Frauen

Diese intensivere religiöse Betätigung von Frauen läßt sich auf
verschiedene Ursachen zurückführen, zu denen auch Unterschiede
zwischen weiblicher und männlicher Sozialisation gehören. Hölscher
weist darauf hin, daß der Ausschluß der Mädchen von der höheren
Bildung wesentliche Ursache für die Sonderstellung der Frau gegenüber Religion und Kirche war. Höhere Bildung gestattete und förderte
im 19. Jahrhundert auch religionskritisches Denken. Die Auseinandersetzung zwischen wissenschaftlichem und religiösem Weltbild war
eines der zentralen Themen des 19. Jahrhunderts. Die kritische Auseinandersetzung mit der Religion im Zuge des Erwachsenwerdens
wurde somit zu einem Privileg männlicher Jugend [268: HÖLSCHER,
Religiosität, 53].

Religiosität statt Bildung?

Es muß allerdings auch gesehen werden, daß es gerade die religiös geprägten Frauenvereine des 19. Jahrhunderts waren, die der Entwicklung des Mädchenschulwesens einen ganz erheblichen Anstoß gaben und auch für Frauen eine Bildung anstrebten, die über die enge Vorbereitung auf einen Beruf oder die Rolle als Hausfrau und Mutter hinausging [271: JACOBI, Religiosität, 106 ff.]. Daneben entfalteten die Kirchen für Mädchen aller Schichten ein vereinsmäßig organisiertes Bildungs- und Freizeitangebot, speziell in den sogenannten Jungfrauenvereinen. Hier wurden Mädchen von den Kirchen ganz gezielt als zukünftige Ehefrauen und Mütter angesprochen und als Multiplikatoren religiösen Gedankenguts gesehen

Auch unter den Jugendlichen zeigte sich, daß Mädchen eine stärkere Affinität zur Kirche hatten. Ihr Anteil an den Mitgliedern kirchlicher Jugendorganisationen lag in der katholischen Kirche doppelt so hoch wie der der männlichen Jugend. Bei den protestantischen Verbänden war die Mitgliederzahl der Mädchen wie der Jungen jeweils schwächer als bei den katholischen [261: GÖTZ VON OLENHUSEN, Geschlechterrollen, 252].

Die religiösen Vereine, vor allem die katholischen, verbreiteten und bekräftigten bis weit in die Zeit der Weimarer Republik hinein ein sehr traditionelles Frauenbild. Sie bestanden auf strikter Geschlechtertrennung im Bereich der Jugendarbeit. Ihr Ziel war es, „den Sinn der Jugend vom Sexuellen abzulenken" [1: ACKER, Erziehung, 182; zitiert nach 261: GÖTZ VON OLENHUSEN, Geschlechterrollen, 250]. Die kirchlichen Jugendverbände wandten sich damit entschieden gegen die sehr viel stärker auf Koeducation und jugendliche Selbstverantwortung ausgerichtete bündische Jugend. Lediglich im „Quickborn", der 1910 gegründeten parakirchlichen katholischen Jugendorganisation, gab es Mädchengruppen und unter den katholischen Studierenden auch eine Aufhebung der Geschlechtertrennung. Das führte dort aber fast zu einer noch rigideren Formulierung traditioneller Sexualmoral und zur Abwehr erotischer Beziehungen innerhalb der Jugendverbände.

In protestantischen Gebieten wurden insgesamt die traditionellen Geschlechtsrollen von Männern und Frauen etwas früher aufgeweicht. Die Frauenbewegung, auch die kirchliche, konnte hier früher Fuß fassen. Die protestantische Kirche brachte auch Neuerungen im Erziehungsbereich, wie z.B. dem Mädchenturnen, weit weniger Widerstand entgegen als die katholische. In den evangelischen Provinzen Preußens wurde bereits um die Mitte des 19. Jahrunderts an vielen Schulen das Turnen für Mädchen angeboten, 1894 dann an den Höheren Schulen verpflichtend eingeführt. Das katholische Bayern dagegen hinkte in

---

Margin notes:

religiöse Frauenvereine aktiv in Mädchenbildung

Mädchen in kirchlichen Vereinen

traditionelles Frauenbild katholischer Vereine

Frauenbewegung stärker in protestantischen Gebieten

Mädchenturnen

dieser Entwicklung mehrere Jahrzehnte hinterher. Der Hintergrund war im wesentlichen auch hier die Abwehr von Körperlichkeit und Sexualität. Katholische Bischofskonferenzen beschäftigten sich vor dem Ersten Weltkrieg mit der Frage weiblicher Sportkleidung oder auch dem Leistungssport von Frauen als Bedrohung von Geschlechtsrollen und christlicher Moral [293: PFISTER, Einfluß, 165 ff.].

Religion und Kirche hatten somit bis weit in das 20. Jahrhundert hinein nicht nur gravierenden Einfluß auf ein kirchlich geprägtes Rollenverständnis, sondern auch auf die äußeren Rahmenbedingungen von Erziehung, Bildung und Sozialisation, die es vielfach erst noch zu entdecken und zu erforschen gilt. Religion und Kirche sind erst seit wenigen Jahren Gegenstand intensiver sozialgeschichtlicher und sozialisationshistorischer Forschung. Die Bedeutung religiöser Erziehung, gerade für die Geschlechterproblematik im 20. Jahrhundert, ist zumindest in Deutschland noch keineswegs ausreichend erforscht. Hier bietet sich der Oral history und anderen Formen der Lebenslaufforschung noch ein breites Betätigungsfeld.

4.3.3   Generationenkonflikte bei Mädchen

Moderne Jugend, moderne Adoleszenz wird fast immer mit einer krisenhaften Entwicklung der Persönlichkeitsbildung und vor allem mit Generationenkonflikten in Verbindung gebracht. Zugleich wird diese konfliktträchtige Jugend fast ausnahmslos mit männlicher Jugend gleichgesetzt. Dies ist in doppelter Weise problematisch: Zum einen wurde – das haben soziologische Untersuchungen der letzten Jahre deutlich gezeigt – die Spannungen zwischen den Generationen in der Regel immer überschätzt, zum anderen aber sind sie zumindest im 20. Jahrhundert keineswegs ein ausschließliches Kennzeichen männlicher Jugend.

Generationenkonflikte wurden seit dem ausgehenden 18. Jahrhundert vor allem von der akademischen Jugend inszeniert. Sie konnte sie literarisch verarbeiten und öffentlich darstellen. Da die Frauen aus dem Bereich der höheren Bildung ausgeschlossen waren, gab es für sie weder eine Möglichkeit, sich in ähnlicher Weise zu einer sozialen Gruppe zusammenzuschließen, noch ihren Problemen Ausdruck zu verleihen. Dies änderte sich seit dem ausgehenden 19. und vor allem dann im frühen 20. Jahrhundert. Die Zeit nach dem Ersten Weltkrieg brachte für junge Frauen einen deutlichen Wandel. Auch die Mädchen wurden nun Gegenstand einer ausgedehnten öffentlichen Diskussion.

Generationen-konflikte kein Kennzeichen männlicher Jugend

die „neue Frau" in der Weimarer Republik

Die Medien der Weimarer Zeit diskutierten ausgiebig das Phänomen der „neuen Frau", womit wesentlich junge Frauen im Alter von etwa 20 Jahren gemeint waren. Sie trugen nun kurze Röcke oder sogar Hosen. Ihr besonderes Markenzeichen war der Bubikopf, und sie durchbrachen in vieler Hinsicht die bisher gültigen Normen der Sittlichkeit, die gerade jungen Frauen auferlegt wurden.

Mädchen als Gegenstand sozialwissenschaftlicher Studien

Vieles an dem Verhalten dieser „neuen Frauen" wurde von konservativen Kritikern in den Medien sicher überzeichnet. Ein Teil dieser Sicht auf die Verhaltensänderungen junger Frauen mag auch nur das Ergebnis einer intensiveren Beschäftigung mit ihren Problemen gewesen sein. Gerade in den 1920er Jahren entstand eine Reihe von Studien, die eine erste Generation junger Sozialwissenschaftlerinnen über die soziale Lage und das Verhalten von Mädchen anfertigte. Sie beschränkten sich nicht mehr ausschließlich auf sozialstrukturelle Rahmendaten, also auf Arbeitsbelastung, Arbeitslohn usw., sondern versuchten auch ihr privates Verhalten und ihr Intimleben zu untersuchen. Dies hatte es so in der Zeit vor dem Ersten Weltkrieg noch nicht gegeben. Das mag mit für eine veränderte Perspektive verantwortlich gewesen sein [308: USBORNE, New women, 154 ff.].

Veränderungen im Sexualverhalten

Dennoch scheint unzweifelhaft, daß sich in der Zeit nach dem Ersten Weltkrieg im Verhalten vor allem junger Frauen aus dem Bürgertum manches tatsächlich geändert hat [308: USBORNE, New women, 138 ff.; 307: USBORNE, Politics, 85 ff.]. Ein Indikator dieses veränderten Verhaltens war die Durchbrechung der traditionellen Normen des Sexualverhaltens. Ärzte berichteten, daß auch bürgerliche Mädchen zum Teil schon im Alter von 16 Jahren regelmäßigen Geschlechtsverkehr hatten. Sexualität, Fruchtbarkeit und Ehe wurden in der Vorstellung dieser Mädchen deutlich voneinander abgekoppelt. Zu einem Symbol dieser neuen Sexualmoral der jungen Frauen wurde eine Berliner Schülerin, die durch ihre sexuelle Promiskuität einen Konflikt unter ihren Liebhabern, zwei Steglitzer Schülern, auslöste, der ein blutiges Ende nahm. Der „Steglitzer Schülermordprozeß" von 1928 war ein Medienereignis, in dessen Zentrum weniger die jugendliche Gewalt als die jugendliche Sexualität stand [283: LANGE, Schülermordprozeß].

weibliche Jugend und Frauenbewegung

Daß aber der Verhaltenswandel der „neuen Frauen" nicht nur eine Erfindung der entstehenden Sozialwissenschaften und der Medien war, sondern auch einen realen Kern hatte, zeigte sich daran, daß auch innerhalb der Frauenbewegung der 1920er Jahre eine breite Auseinandersetzung um die Jugend, ihr verändertes Sexualverhalten und ihr zunehmendes Desinteresse an der organisierten Frauenbewegung entstand. Es wuchs nach dem Krieg eine neue Generation junger Frauen auf, für

die der Kampf um das Wahlrecht und die Rolle der Frau in der Öffentlichkeit nicht mehr relevant war. Junge Frauen drängten nun vor allem
in Vereine, und die Zahl der organisierten Mädchen stieg rasant an. Die
Solidarität unter Jugendlichen wurde wichtiger als die geschlechts-
oder schichtsspezifischen Loyalitäten [304: STOEHR, Neue Frau,
390 ff.]. Junge Mädchen wurden auch früh von bündischen und nationalsozialistischen Ideen erfaßt. Dies wirkte sich nicht nur auf die Frauenbewegung, sondern auch auf die gesamten anderen Vereine für die
weibliche Jugend, vor allem auch auf die kirchlichen Vereine aus. Auch
hier kam es zu deutlichen Generationsbrüchen in der Zeit nach dem Ersten Weltkrieg [264: HARVEY, Gender, 196 ff.].

    Die Frauengeschichtsforschung hat die Auswirkungen dieser
neuen Einstellung junger Frauen bisher vor allem auf der Ebene der
Frauenorganisationen untersucht. Umfassende lebensgeschichtliche
Studien zum Verhältnis zwischen Mädchen und ihren Eltern, vor allem
ihren Müttern, stehen noch aus. Inwieweit neues Verhalten gegen die
Eltern durchgesetzt werden mußte oder von diesen toleriert wurde, wie
groß die Möglichkeiten junger Frauen waren, sich im Konflikt von der
Familie zu trennen, von daheim auszuziehen und sich selbständig zu
machen, müßte ebenso analysiert werden wie die Frage des Einflusses
der *peer groups* auf die Persönlichkeitsbildung, die Verinnerlichung
von Werten bzw. die Bereitschaft zu abweichendem Verhalten. All dies
wurde zumindest für das frühe 20. Jahrhundert bisher fast ausschließlich für die männliche und kaum für die weibliche Jugend untersucht.
Die historische Sozialisationsforschung sollte sich in den nächsten Jahren diesen Bereichen besonders zuwenden.

Mädchen in der bündischen Jugend

lebensgeschicht-liche Studien als Forschungsdesiderat

III. Quellen und Literatur

Die verwendeten Abkürzungen im Quellen- und Literaturteil entsprechen denen der Historischen Zeitschrift

A. Quellen

1. H. ACKER, Erziehung zur Keuschheit, in: Jugendführung 3 (1916) 182–187.
2. S. BAJOHR (Hrsg.), Vom bitteren Los der kleinen Leute. Protokolle über den Alltag Braunschweiger Arbeiterinnen und Arbeiter 1900 bis 1933. Köln 1984.
3. A. BEBEL, Die Frau und der Sozialismus. 1878
4. Dritter Familienbericht, hrsg. v. d. Sachverständigenkommission d. Bundesregierung. Bonn-Bad Godesberg 1979.
5. E. DURKHEIM, La famille conjugale, in: Revue Philosophique de la France et l'Etranger 91 (1921).
6. E. DURKHEIM, Introduction à la Sociologie de la Famille, in: Annales de la Faculté des Lettres de Bordeaux, Dixième Année, 257–281; dt. in: DERS., Frühe Schriften zur Begründung der Sozialwissenschaft. Hrsg., eingeleitet u. übers. von L. Heisterberg. Darmstadt/Neuwied 1981, 53–76.
7. W. EMMERICH (Hrsg.), Proletarische Lebensläufe. Autobiographische Dokumente zur Entstehung der Zweiten Kultur in Deutschland. 2 Bde. Reinbek 1974/75.
8. F. ENGELS, Der Ursprung der Familie, des Privateigentums und des Staates, in: MEW, Bd. 21. Berlin 1975.
9. J. H. FICHTE, Grundlage des Naturrechts nach Prinzipien der Wissenschaftslehre (1796). Hamburg 1960.
10. J. FLEMMING/K. SAUL/P.-CHR. WITT (Hrsg.), Familienleben im Schatten der Krise. Dokumente und Analysen zur Sozialgeschichte der Weimarer Republik 1918–1933. Düsseldorf 1988.
11. CH. FOURIER, Theorie der vier Bewegungen und der allgemeinen Bestimmungen. Frankfurt a. M./Wien 1966.

12. E. Fromm/M. Horkheimer u. a., Studien über Autorität und Familie. Paris 1936.
13. I. Hardach-Pinke/G. Hardach, Kinderalltag. Deutsche Kindheiten in Selbstzeugnissen 1700–1900. Kronberg i. Taunus 1978.
14. W. Hubbard, Familiengeschichte. Materialien zur deutschen Familie seit dem Ende des 18. Jahrhunderts. München 1983.
15. E. Key, Das Jahrhundert des Kindes. Berlin 1903.
16. F. Le Play, Les Ouvriers européens. Etudes sur les travaux, la vie domestique et la condition morale des populations ouvrières de l'Europe. Paris 1855.
17. K. Marx, Das Kapital. Kritik der politischen Ökonomie. Bd. 1, MEW 23. Berlin 1968.
18. L. H. Morgan, Ancient Society or Researches in the Lines of Human Progress from Savagery through Barbarism to Civilization. Repr. d. 1. Aufl. v. 1877. Calcutta 1982.
19. W. H. Riehl, Die Naturgeschichte des Volkes als Grundlage einer deutschen Social-Politik. Bd. 3: Die Familie [1855]. Berlin/Stuttgart [13]1925.
20. G. A. Ritter/J. Kocka (Hrsg.), Statistische Arbeitsbücher zur neueren deutschen Geschichte, 3 Bde. München 1978–1982.
21. K. Rutschky, Deutsche Kinderchronik. Wunsch- und Schrekkensbilder aus vier Jahrhunderten. Köln 1983.
22. K. Saul u. a. (Hrsg.), Arbeiterfamilien im Kaiserreich. Materialien zur Sozialgeschichte in Deutschland 1871–1914. Königstein 1982.
23. J. Schlumbohm (Hrsg.), Kinderstuben. Wie Kinder zu Bauern, Bürgern, Aristokraten wurden 1700–1850. München 1983.
24. Statistisches Bundesamt (Hrsg.), Statistisches Jahrbuch für die Bundesrepublik Deutschland. Stuttgart/Mainz.
25. C. G. Svarez, Vorträge über Staat und Recht. Hrsg. v. H. Conrad und G. Kleinheyer. Köln 1960.
26. M. Wettstein-Adelt, 3 1/2 Monate Fabrik-Arbeiterin. Eine practische Studie. Berlin 1893.
27. H. Wittenberg/E. Hückstädt, Die geschlechtlich-sittlichen Verhältnisse der evangelischen Landbevölkerung im Deutschen Reiche. Dargestellt auf Grund der von der Allgemeinen Konferenz der Sittlichkeitsvereine veranstalteten Umfrage. 2 Bde. Leipzig 1895 f.

B. Literatur

1. Bibliographien

28. A. ALDOUS/R. HILL (Hrsg.), International Bibliography of Research in Marriage and the Famliy 1900–1964. 2. Aufl. Minneapolis 1969.

29. U. DANIEL, Bibliographie zur Sozialgeschichte der Frauen 1800–1914, in: E. WALTER (Hrsg.), Schrieb oft, von Mägde Arbeit müde. Düsseldorf 1985, 247–278.

30. L. FREY/M. FREY/J. SCHNEIDER, Women in Western European History: A Select Chronological, Geographical, and Topical Bibliography. New York 1986.

31. U. HERRMANN/S. RENFTLE/L. ROTH, Bibliographie zur Geschichte der Kindheit, Jugend und Familie. München 1980.

32. G. SOLIDAY u. a. (Hrsg.), History of the Family and Kinship: a Select International Bibliography. New York 1980.

2. Forschungsberichte

33. M. ANDERSON, Approaches to the History of the Western Family 1300–1914. London 1980.

34. W. FREITAG, Haushalt und Familie in traditionalen Gesellschaften: Konzepte, Probleme und Perspektiven der Forschung, in: GG 14 (1988) 5–37.

35. K. HAUSEN, Familie als Gegenstand Historischer Sozialwissenschaft. Bemerkungen zu einer Forschungsstrategie, in: GG 1 (1975) 171–209.

36. K. HAUSEN, Familie und Familiengeschichte, in: W.Schieder/V. SELLIN (Hrsg.), Sozialgeschichte in Deutschland. Entwicklungen und Perspektiven im internationalen Zusammenhang. Bd. 2. Göttingen 1986, 64–89.

37. W. R. LEE, The German Family: A Critical Survey of the Current State of Historical Research, in: R. J. EVANS/DERS. (Hrsg.), The German Family. Essays on the Social History of the Family in Nineteenth- and Twentieth-Century Germany. Totowa N.J. 1981, 19–50.

38. W. R. LEE, Past Legacies and Future Prospects: Recent Research on the History of the Family in Germany, in: Journal of Family History (1981) 156–175.

39. L. STONE, Family History in the 1980's. Past Achievements and Future Trends, in: Journal of Interdisciplinary History XII (1981) 51–87.
40. H. J. TEUTEBERG, Zur Genese und Entwicklung historisch-sozialwissenschaftlicher Familienforschung in Deutschland, in: P. BORSCHEID/H. J. TEUTEBERG (Hrsg.). Ehe, Liebe, Tod. Zum Wandel der Familie, der Geschlechts- und Generationsbeziehungen in der Neuzeit. Münster 1983, 15–65.

3. Allgemeine Darstellungen zur deutschen Gesellschaftsgeschichte

41. K. M. BOLTE, Deutsche Gesellschaft im Wandel. 2. überarb. Aufl. Opladen 1967.
42. R. GEISSLER, Die Sozialstruktur Deutschlands. Ein Studienbuch zur sozialstrukturellen Entwicklung im geteilten und vereinten Deutschland. Opladen 1992.
43. T. NIPPERDEY, Deutsche Geschichte 1866–1918. Bd. I: Arbeitswelt und Bürgergeist. München 1990.
44. D. J. K. PEUKERT, Zur Erforschung der Sozialpolitik im Dritten Reich, in: H.-U. OTTO/H. SÜNKER (Hrsg.), Soziale Arbeit und Faschismus. Volkspflege und Pädagogik im Nationalsozialismus. Bielefeld 1986, 123–132.
45. D. J. K. PEUKERT, Wohlfahrtsstaat und Lebenswelt, in: L. NIETHAMMER u.a., Bürgerliche Gesellschaft in Deutschland. Historische Einblicke, Fragen, Perspektiven. Frankfurt a. M. 1990, 348–363.
46. G. A. RITTER, Der Sozialstaat. Entstehung und Entwicklung im internationalen Vergleich. 2. überarb. und erw. Aufl. München 1991.
47. F. TENNSTEDT, Sozialgeschichte der Sozialpolitik in Deutschland. Vom 18. Jahrhundert bis zum Ersten Weltkrieg. Göttingen 1981.
48. H.-U. WEHLER, Deutsche Gesellschaftsgeschichte. Bd. 3: Von der „deutschen Doppelrevolution" bis zum Beginn des Ersten Weltkrieges 1849–1914. München 1995.

4. Allgemeine Darstellungen zur Familiengeschichte

49. CHR. BERG, Familie, Kindheit, Jugend, in: dies. (Hrsg.), Handbuch der deutschen Bildungsgeschichte. Bd. IV: 1870–1918. Von der Reichsgründung bis zum Ersten Weltkrieg. München 1991, 91–145.

50. A. GRÄFIN ZU CASTELL RÜDENHAUSEN, Familie und Kindheit, in: D. LANGEWIESCHE/H.-E. TENORTH (Hrsg.), Handbuch der deutschen Bildungsgeschichte. Bd. V: 1918–1945. Die Weimarer Republik und die nationalsozialistische Diktatur. München 1989, 65–85.

51. I. CHOPRA/G. SCHELLER, Die neue Unbeständigkeit. Ehe und Familie in der spätmodernen Gesellschaft, in: Soziale Welt 43 (1992) 48–69.

52. W. CONZE (Hrsg.), Sozialgeschichte der Familie in der Neuzeit Europas. Neue Forschungen. Stuttgart 1977.

53. J. DONZELOT, Die Ordnung der Familie. Frankfurt a. M. 1979.

54. J. R. EVANS/W. R. LEE (eds.), The German Family. Essays on the Social History of the Family in Nineteenth- and Twentieth-Century Germany. London 1981.

55. J.-L. FLANDRIN, Familien. Soziologie – Ökonomie – Sexualität. Frankfurt a. M./Berlin/Wien 1978.

56. W. J. GOODE, Die Familie als Element der Sozialstruktur, in: S. SIMITIS/G. ZENZ (Hrsg.), Seminar: Familie und Familienrecht. Bd. 1. Frankfurt a. M. 1975, 64–70.

57. J. GOODY, Die Entwicklung von Ehe und Familie in Europa (1983) Frankfurt a. M. 1989.

58. J. HAEKEL, Art. „Familie. I. Religionswissenschaftlich", in: Lexikon für Theologie und Kirche. Bd. 4. Freiburg 1960.

59. U. HERRMANN, Familie, Kindheit, Jugend, in: K.-E. JEISMANN/ P. LUNDGREEN (Hrsg.), Handbuch der deutschen Bildungsgeschichte, Bd. III: 1800–1870. Von der Neuordnung Deutschlands bis zur Gründung des Deutschen Reiches. München, 1987, 53–69.

60. R. HETTLAGE, Familienreport. Eine Lebensform im Umbruch. München 1992.

61. S. KEIL, Art. „Familie", in: Theologische Realenzyklopädie. Bd. 11. Berlin/New York 1983, 1–23.

62. P. LASLETT, Introduction: The History of the Family, in: DERS./R. WALL (Hrsg.), Household and Family in Past Time. Comparative Studies in the Size and Structure of the Domestic Group over the Last Three Centuries in England, France, Serbia, Japan and Colonial North America, with Several Materials from Western Europe. 2. Aufl. Cambridge 1974, 1–90.

63. H. MEDICK/D. SABEAN, Emotionen und materielle Interessen in Familie und Verwandtschaft: Überlegungen zu neuen Wegen und Bereichen einer historischen und sozialanthropologischen Familienforschung, in: H. MEDICK/D. SABEAN (Hrsg.), Emotionen und

materielle Interessen. Sozialanthropologische und historische
Beiträge zur Familienforschung. Göttingen 1984, 27–54.

64. M. MITTERAUER, Historisch-anthropologische Familienforschung.
Fragestellungen und Zugangsweisen. Wien/Köln 1990.

65. M. MITTERAUER, Faktoren des Wandels historischer Familienformen, in: H. PROSS (Hrsg.), Familie wohin? Leistungen, Leistungsdefizite und Leistungswandlungen der Familien in hochindustrialisierten Gesellschaften. Reinbek 1979, 83–132.

66. M. MITTERAUER/R. SIEDER, Vom Patriarchat zur Partnerschaft.
Zum Strukturwandel der Familie. München 1977.

67. M. MITTERAUER/R. SIEDER (Hrsg.), Historische Familienforschung. Frankfurt a. M. 1982.

68. M. MITTERAUER, Entwicklungstrends der Familie in der europäischen Neuzeit, in: R. NAVE-HERZ/M. MARKEFKA, Handbuch der
Familien- und Jugendforschung. Bd. 1, Familienforschung. Neuwied 1988, 513–532.

69. M. RERRICH, Balanceakt Familie. Zwischen alten Leitbildern und
neuen Lebensformen. Freiburg 1988.

70. H. ROSENBAUM (Hrsg.), Seminar: Familie und Gesellschaftsstruktur. Materialien zu den sozioökonomischen Bedingungen von Familienformen. Frankfurt a. M. 1978.

71. H. ROSENBAUM, Formen der Familie. Untersuchungen zum Zusammenhang von Familienverhältnissen, Sozialstruktur und sozialem Wandel in der deutschen Gesellschaft des 19. Jahrhunderts. Frankfurt a. M. 1982.

72. H. SCHELSKY, Wandlungen der deutschen Familie in der Gegenwart. Darstellungen und Deutungen einer empirisch-soziologischen Tatbestandsaufnahme. 5. Aufl. Stuttgart 1967.

73. D. SCHWAB, Art. „Familie", in: O. BRUNNER/W. CONZE/R. KOSELLECK (Hrsg.), Geschichtliche Grundbegriffe. Historisches Lexikon zur politisch-sozialen Sprache in Deutschland, Bd. 2. Stuttgart 1979, 253–301.

74. M. SEGALEN, Die Familie. Geschichte, Soziologie, Anthropologie. Frankfurt a. M./New York/Paris 1990.

75. E. SHORTER, Die Geburt der modernen Familie. Reinbek 1983.

76. R. SIEDER, Sozialgeschichte der Familie. Frankfurt a. M. 1987.

77. I. WEBER-KELLERMANN, Die deutsche Familie. Versuch einer Sozialgeschichte. Frankfurt a. M. 1974.

5. Bäuerliche Familie

78. M. BIDLINGMAIER, Die Bäuerin in zwei Gemeinden Württembergs. Tübingen 1918; Nachdruck Kirchheim 1990.

79. R. BRAUN, Industrialisierung und Volksleben. Veränderungen der Lebensformen unter Einwirkung der verlagsindustriellen Heimarbeit in einem ländlichen Industriegebiet (Zürcher Oberland) vor 1800. 2. Aufl. Göttingen 1979.

80. A. V. CAJANOV, Die Lehre von der bäuerlichen Wirtschaft. Versuch einer Theorie der Familienwirtschaft im Landbau. Berlin 1923.

81. A. FITZ, Familie und Frühindustrialisierung in Vorarlberg. Dornbirn 1985.

82. U. JEGGLE, Kiebingen – Eine Heimatgeschichte. Zum Prozeß der Zivilisation in einem schwäbischen Dorf. Tübingen 1977.

83. W. KASCHUBA/C. LIPP, Dörfliches Überleben. Zur Geschichte materieller und sozialer Reproduktion ländlicher Gesellschaft im 19. und frühen 20. Jahrhundert. Tübingen 1982.

84. P. KRIEDTE/H. MEDICK/J. SCHLUMBOHM, Industrialisierung vor der Industrialisierung. Gewerbliche Warenproduktion auf dem Land in der Formationsperiode des Kapitalismus. Göttingen 1978.

85. P. KRIEDTE/H. MEDICK/J. SCHLUMBOHM, Sozialgeschichte in der Erweiterung – Proto-Industrialisierung in der Verengung? Demographie, Sozialstruktur, moderne Hausindustrie: Eine Zwischenbilanz der Proto-Industrialisierungs-Forschung, in: GG 18 (1992) 70–87, 231–255.

86. W. MAGER, Protoindustrialisierung und Protoindustrie. Vom Nutzen und Nachteil zweier Konzepte, in: GG 14 (1988), 275–303.

87. H. MEDICK, Weben und Überleben in Laichingen: 1650–1900. Lokalgeschichte als Allgemeine Geschichte. Göttingen 1996.

88. M. MITTERAUER, Geschlechtsspezifische Arbeitsteilung und Geschlechterrollen in ländlichen Gesellschaften Mitteleuropas, in: J. MARTIN/R. ZOEPFEL (Hrsg.), Aufgaben, Rollen und Räume von Frau und Mann. Teilband 2. Freiburg/München 1989, 819–914.

89. M. MITTERAUER, Familie und Arbeitsteilung. Historischvergleichende Studien. Köln/Wien u. a. 1992.

90. U. PLANCK, Der bäuerliche Familienbetrieb zwischen Patriarchat und Partnerschaft. Stuttgart 1964.

91. U. PLANCK/J. ZICHE, Land- und Agrarsoziologie. Eine Einführung in die Soziologie des ländlichen Siedlungsraumes und des Agrarbereichs. Stuttgart 1979.

92. J. H. QUATAERT, Teamwork in Saxon Homeweaving Families in the Nineteenth Century. A Preliminary Investigation into the Issue of Gender Work Roles, in: R.-E. JORRES/M. J. MAYNES (Hrsg.), German Women in the Eighteenth and Nineteenth Centuries. A Social and Literary History, Bloomington 1986, 3–23.

93. D. W. SABEAN, Intensivierung der Arbeit und Alltagserfahrung auf dem Lande, in: SOWI 6 (1977) 148–152.

94. D. W. SABEAN, Property, Production and Family in Neckarhausen, 1700–1870. Cambridge 1990.

95. D. W. SABEAN, Unehelichkeit: Ein Aspekt sozialer Reproduktion kleinbäuerlicher Produzenten. Zu einer Analyse dörflicher Quellen um 1800, in: R. M. BERDAHL u. a. (Hrsg.), Klassen und Kultur. Sozialanthropologische Perspektiven in der Geschichtsschreibung. Frankfurt a. M. 1982, 54–76.

96. D. W. SABEAN, ,Junge Immen im leeren Korb': Beziehungen zwischen Schwägern in einem schwäbischen Dorf, in: H. MEDICK/D. W. SABEAN (Hrsg.), Emotionen und materielle Interessen. Sozialanthropologische und historische Beiträge zur Familienforschung. Göttingen 1974, 231–250.

97. J. SCHLUMBOHM, Lebensläufe, Familien, Höfe. Die Bauern und Heuerleute des Osnabrückischen Kirchspiels Belm in proto-industrieller Zeit, 1650–1860. Göttingen 1994.

98. R. SIEDER, Strukturprobleme der ländlichen Familie im 19. Jahrhundert, in: ZBLG 41 (1978) 173–217.

99. W. TROSSBACH, Bauern 1648–1806. München 1993.

100. G. WIEGELMANN, Bäuerliche Arbeitsteilung in Mittel- und Nordeuropa – Konstanz oder Wandel?, in: Ethnologica Scandinavica (1975) 5 ff.

6. Arbeiterfamilie

101. J. EHMER, Familienstruktur und Arbeitsorganisation im frühindustriellen Wien. Wien 1980.

102. J. EHMER, Soziale Traditionen in Zeiten des Wandels. Arbeiter und Handwerker im 19. Jahrhundert. Frankfurt a. M./New York 1994.

103. W. KASCHUBA, Lebenswelt und Kultur der unterbürgerlichen Schichten im 19. und 20. Jahrhundert. München 1990.

104. A. KUHN, Die proletarische Familie. Wie Arbeiter in ihren Lebenserinnerungen über den Ehealltag berichten, in: H. HAUMANN (Hrsg.), Arbeiteralltag in Stadt und Land, Berlin 1982, 89–119.

105. U. Linse, Arbeiterschaft und Geburtenentwicklung im Deutschen Kaiserreich von 1871, in: AfS XII (1972) 205–272.

106. C. Lipp, Die Innenseite der Arbeiterkultur. Sexualität im Arbeitermilieu des 19. und frühen 20. Jahrhunderts, in: R. van Dülmen (Hrsg.), Arbeit, Frömmigkeit und Eigensinn. Studien zur historischen Kulturforschung. Frankfurt a. M. 1990, 214–259.

107. J. Mooser, Arbeiterleben in Deutschland 1900–1970. Klassenlagen, Kultur und Politik. Frankfurt a. M. 1984.

108. R. P. Neumann, Geburtenkontrolle der Arbeiterklasse im Wilhelminischen Deutschland, in: D. Langewiesche/K. Schönhoven (Hrsg.), Arbeiter in Deutschland. Studien zur Lebensweise der Arbeiterschaft im Zeitalter der Industrialisierung. Paderborn 1981, 187–205.

109. J. H. Quataert, Combining Agrarian and Industrial Livelihood: Whole Households in the Saxon Oberlausitz in the Nineteenth Century, in: General Family History, Summer 1985, 145–162.

110. G. A. Ritter/K. Tenfelde, Arbeiter im Deutschen Kaiserreich 1871–1914. Bonn 1992.

111. H. Rosenbaum, Proletarische Familien: Arbeiterfamilien und Arbeiterväter im frühen 20. Jahrhundert zwischen traditioneller, sozialdemokratischer und kleinbürgerlicher Orientierung. Frankfurt a. M. 1992.

112. G. Schnapper-Arndt, Fünf Dorfgemeinden auf dem Hohen Taunus. Leipzig 1883.

113. L. Schneider, Der Arbeiterhaushalt im 18. und 19. Jahrhundert. Dargestellt am Beispiel des Heim- und Fabrikarbeiters. Berlin 1967.

114. H. Schomerus, The Family Life-Cycle: A Study of Factory Workers in Nineteenth-Century Württemberg, in: R. J. Evans/W. R. Lee (Hrsg.), The German Family. Essays on the Social History of the Family in Nineteenth- and Twentieth-Century Germany. London 1981, 175–193.

115. H. Schomerus, Die Arbeiterschaft der Maschinenfabrik Esslingen: Forschungen zur Lage der Arbeiterschaft im 19. Jahrhundert. Stuttgart 1977.

116. R. Sieder, Gassenkinder, in: Aufrisse. Zeitschrift für politische Bildung 5 (1984) H. 4, 8–21.

7. Handwerkerfamilie

117. J. KOCKA, Unternehmer in der deutschen Industrialisierung. Göttingen 1975.
118. P. KRIEDTE, Eine Stadt am seidenen Faden: Haushalt, Hausindustrie und soziale Bewegung in Krefeld in der Mitte des 19. Jahrhunderts. 2. durchges. Aufl. Göttingen 1992.
119. F. LENGER, Sozialgeschichte der deutschen Handwerker seit 1890, Frankfurt a. M. 1988.

8. Familie in Bürgertum und „neuem Mittelstand"

120. P. BORSCHEID, Geld und Liebe: Zu den Auswirkungen des Romantischen auf die Partnerwahl im 19. Jahrhundert, in: P. BORSCHEID/ H.-J. TEUTEBERG (Hrsg.), Ehe, Liebe, Tod. Zum Wandel der Familie, der Geschlechts- und Generationsbeziehungen in der Neuzeit. Münster 1983, 112–134.
121. U. FREVERT (Hrsg.), Bürgerinnen und Bürger. Geschlechterverhältnisse im 19. Jahrhundert. Göttingen 1988.
122. L. GALL, Bürgertum in Deutschland. Berlin 1989.
123. P. GAY, Die zarte Leidenschaft. Liebe im bürgerlichen Zeitalter. München 1987.
124. P. GAY, Erziehung der Sinne. Sexualität im bürgerlichen Zeitalter. München 1986.
125. J. KOCKA (Hrsg.), Bürgertum im 19. Jahrhundert. Deutschland im europäischen Vergleich. 3 Bde. München 1988.
126. J. KOCKA, Familie, Unternehmer und Kapitalismus. An Beispielen aus der frühen deutschen Industrialisierung, in: H. REIF (Hrsg.), Die Familie in der Geschichte. Göttingen 1982, 163–186.
127. B. ORLAND, Das Private im Öffentlichen. Zur Technisierung des Wäschewaschens, in: S. MEYER/E. SCHULZE (Hrsg.), Technisiertes Familienleben. Blick zurück und nach vorne. Berlin 1993, 59–76.
128. R. SPREE, Angestellte als Modernisierungsagenten. Indikatoren und Thesen zum reproduktiven Verhalten von Angestellten im späten 19. und im frühen 20. Jahrhundert, in: J. KOCKA (Hrsg.), Angestellte im europäischen Vergleich. Die Herausbildung angestellter Mittelschichten seit dem späten 19. Jahrhundert. Göttingen 1981, 279–308.
129. A.-CH. TREPP, Sanfte Männlichkeit und selbständige Weiblichkeit. Frauen und Männer im Hamburger Bürgertum zwischen 1770 und 1840. Göttingen 1996.

130. R. WILD, Die Vernunft der Väter. Zur Psychographie von Bürgerlichkeit und Aufklärung in Deutschland am Beispiel ihrer Literatur für Kinder. Stuttgart 1987.

9. Historische Demographie

131. M. ANDERSON, Household Structure and the Industrial Revolution; Mid-19th Century Preston in Comparative Perspective, in: P. LASLETT/R. WALL (Hrsg.), Household and Family in past time. 2. Aufl. Cambridge 1974, 215–235.

132. L. K. BERKNER, The Stem Family and the Developmental Cycle of the Peasant Household. An 18th-Century Austrian Example, in: AHR 77 (1972) 398–418.

133. A. CASTELL, Unterschichten im „Demographischen Übergang". Historische Bedingungen des Wandels der ehelichen Fruchtbarkeit und der Säuglingssterblichkeit, in: H. MOMMSEN/W. SCHULZE (Hrsg.), Vom Elend der Handarbeit. Probleme historischer Unterschichtenforschung. Stuttgart 1981.

134. J. EHMER, Heiratsverhalten, Sozialstruktur, ökonomischer Wandel. England und Mitteleuropa in der Formationsperiode des Kapitalismus. Göttingen 1991.

135. C. FAIRCHILDS, Female Sexual Attitudes and the Rise of Illegitimacy: A Case Study, in: InterH 8 (1977/1978) 627–667.

136. J. HAJNAL, European Marriage Patterns in Perspective, in: D. V. GLASS/D. E. C. EVERSLEY (Hrsg.), Population in History. Essays in Historical Demography. London 1965, 101–143.

137. J. HAJNAL, Two Kinds of Preindustrial Household Formation System, in: Population and Development Review 8 (1982) 449–494.

138. A. E. IMHOF, Einführung in die Historische Demographie. München 1977.

139. A. E. IMHOF, Unterschiedliche Säuglingssterblichkeit in Deutschland, 18. und 20. Jahrhundert – warum? in: Zeitschrift für Bevölkerungswissenschaft 7 (1981) 343–382.

140. G. IPSEN, Bevölkerung, in: C. PETERSEN u. a. (Hrsg.), Handwörterbuch des Grenz- und Auslandsdeutschtums. Breslau 1933, 425–474.

141. J. KNODEL/E. VAN DE WALLE, Breast Feeding and Infant Mortality: Analysis of Some Early German Data, in: Population Studies 21 (1967) 109–131.

142. J. KNODEL, Law, Marriage and Illegitimacy in Nineteenth-Century Germany, in: Population Studies 20 (1966/1967) 279–294.

143. J. Knodel, Demographic Behavior in the Past. A Study of Four-
     teen German Village Populations in the Eighteenth and Nine-
     teenth Centuries. Cambridge 1988.

144. J. E. Knodel, The Decline of Fertility in Germany, 1871–1939.
     Princeton 1974.

145. J. Kocka u. a., Familie und soziale Plazierung. Studien zum Ver-
     hältnis von Familie, sozialer Mobilität und Heiratsverhalten an
     westfälischen Beispielen im späten 18. und 19. Jahrhundert. Op-
     laden 1980.

146. P. Laslett, Mean Household Size in England Since the 16th Cen-
     tury, in: Ders./R. Wall (Hrsg.), Household and Family in Past
     Time. Cambridge 1972, 125–158.

147. W. R. Lee, Bastardy and the Socioeconomic Structure of South
     Germany, in: InterH 7 (1977) 403–425.

148. G. Mackenroth, Bevölkerungslehre. Theorie, Soziologie und
     Statistik der Bevölkerung. Berlin u. a. 1953.

149. K.-J. Matz, Pauperismus und Bevölkerung. Die gesetzlichen Ehe-
     beschränkungen in den Süddeutschen Staaten während des
     19. Jahrhunderts. Stuttgart 1980.

150. M. Mitterauer, Vorindustrielle Familienformen. Zur Funktions-
     entlastung des „ganzen" Hauses im 17. und 18. Jahrhundert, in:
     Ders. (Hrsg.), Grundtypen alteuropäischer Sozialformen. Haus
     und Gemeinde in vorindustriellen Gesellschaften. Stuttgart-Bad
     Cannstatt 1979, 35–97.

151. M. Mitterauer, Familiengröße – Familientypen – Familienzy-
     klus. Probleme quantitativer Auswertung von österreichischem
     Quellenmaterial, in: GG 1 (1975) 226–255.

152. M. Mitterauer, Illegitimität in Europa. Historische Bedingungen
     in Familienverfassung, Wertsystem und Arbeitsorganisation, in:
     E. W. Müller (Hrsg.), Geschlechtsreife und Legitimation zur
     Zeugung. Freiburg/München 1985, 551–682.

153. Chr. Pfister, Bevölkerungsgeschichte und historische Demogra-
     phie 1500–1800. München 1994.

154. J. M. Phayer, Sexual Liberation and Religion in Nineteenth Cen-
     tury Europe. London 1977.

155. G. Scheller, Familienzyklus als Forschungsansatz, in: R. Nave-
     Herz/M. Markefka (Hrsg.), Handbuch der Familien- und Ju-
     gendforschung. Bd. 1, 151–162.

156. E. Shorter, Bastardy in South Germany: A Comment, in: InterH
     8 (1977/78) 459–469.

157. E. Shorter, Illegitimacy, Sexual Revolution, and Social Change

in Modern Europe, in: R. I. Rotberg/T. K. Rabb (Hrsg.), Marriage and Fertility: Studies in Interdisciplinary History. Princeton 1980, 86–120.

158. K. Tenfelde, Arbeiterfamilien und Geschlechterbeziehungen im Deutschen Kaiserreich, in: GG 18 (1992) 179–203.

159. L. A. Tilly/J. Scott/M. Cohen, Women's Work and European Fertility Patterns, in: JIH 6 (1976).

160. E. A. Wrigley, Bevölkerungsstruktur im Wandel. München 1969.

10. Ehe- und Familienrecht

161. D. Blasius, Ehescheidung in Deutschland im 19. und 20. Jahrhundert. Durchges. Ausg. Frankfurt a. M. 1992.

162. H. Dörner, Industrialisierung und Familienrecht. Die Auswirkungen des sozialen Wandels dargestellt an den Familienmodellen des ALR, BGB und des französischen Code civil. Berlin 1974.

163. Ch. Höhn, Rechtliche und demographische Einflüsse auf die Entwicklung der Ehescheidungen seit 1946, in: Zeitschrift für Bevölkerungswissenschaft 3/4 (1980) 335–371.

164. G. Landwehr (Hrsg.), Die nichteheliche Lebensgemeinschaft. Göttingen 1978.

165. D. Lucke, Die Ehescheidung als Kristallisation geschlechtsspezifischer Ungleichheit. Das Beispiel einer „verrechtlichten" Statuspassage im weiblichen Lebenslauf, in: P. A. Berger/S. Hradil (Hrsg.), Lebenslagen, Lebensläufe, Lebensstile. Göttingen 1990, 363–386.

166. S. Simitis/G. Zenz (Hrsg.), Seminar: Familie und Familienrecht. 2 Bde. Frankfurt a. M. 1975.

11. Familiensoziologie

167. W. Bien (Hrsg.), Eigeninteresse oder Solidarität. Beziehungen in modernen Mehrgenerationenfamilien. Opladen 1994.

168. P. Bourdieu, Die feinen Unterschiede. Kritik der gesellschaftlichen Urteilskraft. 8. Aufl. Frankfurt a. M. 1996.

169. G. Burkart/B. Fietze/M. Kohli, Liebe, Ehe, Elternschaft. Eine qualitative Untersuchung über den Bedeutungswandel von Paarbeziehungen und seine demographischen Konsequenzen. Wiesbaden 1989.

170. M. DIEWALD, Soziale Netzwerke und Generationenbeziehungen, in: L. A. VASKOVICS (Hrsg.), Familie. Soziologie familialer Lebenswelten. München 1995. Soziologische Revue, Sonderheft 3 (1994) 125–131.

171. R. KÖNIG, Soziologie der Familie, in: DERS., Handbuch der empirischen Sozialforschung, Bd. 7: Familie. Alter. 2. völlig neubearb. Aufl. Stuttgart 1976.

172. R. KÖNIG, Alte Probleme und neue Fragen in der Familiensoziologie, in: KZfSS 18 (1966) 1–20.

173. G. LÜSCHEN, Verwandtschaft, Freundschaft, Nachbarschaft, in: R. NAVE-HERZ/M. MARKEFKA (Hrsg.), Handbuch der Familien- und Jugendforschung, Bd. 1: Familienforschung. Neuwied/Frankfurt a. M. 1989, 435–452.

174. F. NEIDHARDT, Die Familie in Deutschland, in: K. M. BOLTE u. a. (Hrsg.), Deutsche Gesellschaft im Wandel. Bd. 2. Opladen 1970.

175. W. F. OGBURN, Die Ursachen für die Veränderung der Familie, in: DERS., Kultur und sozialer Wandel: Ausgewählte Schriften. Neuwied/Berlin 1969, 238–252.

176. T. PARSONS, The American Family: Its Relations to Personality and the Social Structure, in: DERS./R.F. BALES (Hrsg.), Family, Socialization and Interaction Process. New York/London 1955, 3–33.

177. E. PFEIL/J. GANZERT, Die Bedeutung der Verwandten für die großstädtische Familie, in: ZfS (1973) 366–383.

178. E. PFEIL, Die Großstadtfamilie, in: G. LÜSCHEN/E. LUPRI (Hrsg.), Soziologie der Familie. Opladen 1970 (KZfSS, Sonderheft 14, 411–432).

179. H. ROSENBAUM, Die Bedeutung historischer Forschung für die Erkenntnis der Gegenwart – dargestellt am Beispiel der Familiensoziologie, in: M. MITTERAUER/R. SIEDER (Hrsg.), Historische Familienforschung. Frankfurt a. M. 1982, 40–63.

180. G. SCHWÄGLER, Soziologie der Familie: Ursprung und Entwicklung. Tübingen 1970.

181. N. SMELSER, Social Change in the Industrial Revolution. An Application of Theory to the British Cotton Industry (1967). Repr. Aldershot 1994.

182. T. V. TROTHA, Zum Wandel der Familie, in: KZfSS 42 (1990) 452–473.

183. H. TYRELL, Familie und soziale Differenzierung, in: H. PROSS (Hrsg.), Familie – wohin? Leistungen, Leistungsdefizite und Leistungswandlungen der Familien in hochindustrialisierten Gesellschaften. Reinbek 1979, 13–82.

184. H. TYRELL, Historische Familienforschung und Familiensoziologie. Versuch einer Zwischenbilanz der historischen Familienforschung und Kritik eines Forschungsprogramms, in: KZfSS 29
(1977) 677–701.
185. H. TYRELL, Probleme einer Theorie der gesellschaftlichen Ausdifferenzierung der privatisierten modernen Kernfamilie, in: ZfS 5
(1976) 393–417.

12. Familienpolitik

186. G. BÄUMER, Familienpolitik. Probleme, Ziele und Wege. Berlin
1933.
187. M. BAUM, Familienfürsorge. Berlin 1951.
188. G. BOCK/P. THANE (Hrsg.), Maternity and Gender Policies. Women and the Rise of the European Welfare States, 1880s–1950s.
London/New York 1991.
189. BUNDESMINISTERIUM FÜR FAMILIE UND SENIOREN (Hrsg.), 40 Jahre
Familienpolitik in der Bundesrepublik Deutschland. Neuwied
1993.
190. E. R. DICKINSON, The Politics of German Child Welfare From the
Empire to the Federal Republic. Cambridge/Mass. 1996.
191. R. J. EVANS, Politics and the Family in Theory and Practice before
1914, in: R. J. EVANS/W. R. LEE (Hrsg.), The German Family.
Essays on the Social History of the Family in Nineteenth- and
Twentieth-Century Germany. London/Totowa 1981, 256–288.
192. B. FUX, Der familienpolitische Diskurs. Eine theoretische und
empirische Untersuchung über das Zusammenwirken und den
Wandel von Familienpolitik, Fertilität und Familie. Berlin 1994.
193. CHR. HASENCLEVER, Jugendhilfe und Jugendgesetzgebung seit
1900. Göttingen 1978.
194. F.-X. KAUFMANN, Staatliche Sozialpolitik und Familie. München
1982.
195. H. LAMPERT, Zur Lage der Familien und den Aufgaben der Familienpolitik in den neuen Bundesländern, in: R. HAUSER (Hrsg.),
Sozialpolitik im vereinigten Deutschland. Berlin 1996, 11–26.
196. K. LÜSCHER (Hrsg.), Sozialpolitik für das Kind. Stuttgart 1979.
197. T. MASON, Sozialpolitik im Dritten Reich. Arbeiterklasse und
Volksgemeinschaft. Opladen 1977.
198. C. MÜHLFELD/F. SCHÖNWEISS, Nationalsozialistische Familienpolitik. Familiensoziologische Analyse der nationalsozialistischen
Familienpolitik. Stuttgart 1989.

199. G. OBERTREIS, Familienpolitik in der DDR 1945–1980. Opladen 1986.
200. D. PETERS, Mütterlichkeit im Kaiserreich. Bielefeld 1984.
201. M.-L. RECKER, Nationalsozialistische Sozialpolitik im Zweiten Weltkrieg. München 1985.
202. CHR. SACHSSE, Mütterlichkeit als Beruf. Frankfurt a. M. 1986.

13. Wohnverhältnisse

203. F. J. BRÜGGEMEIER/L. NIETHAMMER, Schlafgänger, Schnapskasinos und schwerindustrielle Kolonie. Aspekte der Arbeiterwohnungsfrage im Ruhrgebiet vor dem Ersten Weltkrieg, in: J. REULECKE/W. WEBER (Hrsg.), Fabrik — Familie — Feierabend. Beiträge zur Geschichte des Alltags im Industriezeitalter. Wuppertal 1978.
204. H. BRUNHÖBER, Wohnen, in: W. BENZ (Hrsg.), Die Bundesrepublik Deutschland, Geschichte in drei Bänden, Bd. 2. Frankfurt a. M. 1983, 183–208.
205. I. HERLYN/U. HERLYN, Wohnverhältnisse in der BRD. Frankfurt a. M. 1976.
206. L. NIETHAMMER (Hrsg.), Wohnen im Wandel. Beiträge zur Geschichte des Alltags in der bürgerlichen Gesellschaft. Wuppertal 1979.
207. K. ROTH, Ländliches Wohninventar im Münsterland um 1800, in: AfS XIX (1979) 389–423.
208. A. v. SALDERN, Häuserleben. Zur Geschichte städtischen Arbeiterwohnens vom Kaiserreich bis heute. 2. durchges. Aufl. Bonn 1997.
209. A. SCHILDT/A. SYWOTTEK (Hrsg.), Massenwohnung und Eigenheim. Wohnungsbau und Wohnen in der Großstadt seit dem Ersten Weltkrieg. Frankfurt a. M./New York 1988.
210. H. J. TEUTEBERG (Hrsg.), Homo habitans. Zur Sozialgeschichte des ländlichen und städtischen Wohnens in der Neuzeit. Münster 1985.
211. W. TREUE, Haus und Wohnung im 19. Jahrhundert, in: W. ARZELT u. a. (Hrsg.), Städte-, Wohnungs- und Kleiderhygiene des 19. Jahrhunderts in Deutschland. Stuttgart 1969.

14. Historische Sozialisationsforschung

212. E. BADINTER, Die Mutterliebe. Geschichte eines Gefühls vom 17. Jahrhundert bis heute. München 1981.

213. I. BEHNKEN/M. DU BOIS-REYMOND/J. ZINNECKER, Verhäuslichung von Kindheit im 20. Jahrhundert im interkulturellen Vergleich, in: A. SCHILDT/A. SYWOTTEK (Hrsg.), Massenwohnung und Eigenheim. Wohnungsbau und Wohnen in der Großstadt seit dem Ersten Weltkrieg. Frankfurt a. M. 1988, 41–62.
214. G.-F. BUDDE, Auf dem Weg ins Bürgerleben. Kindheit und Erziehung in deutschen und in englischen Bürgerfamilien 1840–1914. Göttingen 1994.
215. L. DE MAUSE (Hrsg.), „Hört ihr die Kinder weinen". Eine psychogenetische Geschichte der Kindheit. Frankfurt a. M. 1977.
216. G. DEVEREUX, Ethnopsychoanalyse. Die komplementaristische Methode in den Wissenschaften vom Menschen. Frankfurt a. M. 1978.
217. J. F. DIETZ, Das Dorf als Erziehungsgemeinde. Weimar 1927.
218. E. H. ERIKSON, Identität und Lebenszyklus. Drei Aufsätze. Frankfurt [4]1977.
219. B. GRUBER, Kindheit und Jugend in vorindustriellen ländlichen Hausgemeinschaften, in: H. CH. EHALT (Hrsg.), Geschichte von unten. Fragestellungen, Methoden und Projekte einer Geschichte des Alltags. Wien 1984, 217–258.
220. I. HARDACH-PINKE, Kinderalltag. Aspekte von Kontinuität und Wandel im Verhältnis der Altersgruppen und Generationen in Europa von der zweiten Hälfte des 18. Jahrhunderts bis zur Gegenwart. Weinheim 1980.
221. E. P. HENNOCK, Rez. zu L. De Mause, in: Social History 3 (1979) 235–237.
222. U. HERRMANN, Probleme und Aspekte historischer Ansätze in der Sozialisationsforschung, in: K. HURRELMANN/D. ULICH (Hrsg.), Handbuch der Sozialisationsforschung. Weinheim 1980, 227–252.
223. U. HERRMANN, Historisch-systematische Dimensionen der Erziehungswissenschaft, in: Ch. Wolf (Hrsg.), Wörterbuch der Erziehung. München/Zürich 1974, 283–289.
224. H. HETZER, Kindheit und Armut. Psychologische Methoden in Armutsforschung und Armutsbekämpfung. Leipzig 1929.
225. D. KLIKA, Erziehung und Sozialisation im Bürgertum des wilhelminischen Kaiserreichs. Eine pädagogisch-biographische Untersuchung zur Sozialgeschichte der Kindheit. Frankfurt a. M. u. a. 1990.
226. C. LEGGEWIE, Lieb und teuer. Eine Nachwuchskostenanalyse, in: Kursbuch 72: Die neuen Kinder (1983) 95–110.
227. C. LIPP, Gerettete Gefühle? Überlegungen zur Erforschung der historischen Mutter-Kind-Beziehung, in: SOWI 13 (1984) 59 ff.

228. S. MUTSCHLER, Ländliche Kindheit in Lebenserinnerungen. Familien- und Kinderleben in einem württembergischen Arbeiterbauerndorf an der Wende vom 19. zum 20. Jahrhundert. Tübingen 1986.

229. R. NAVE-HERZ, Familie heute. Wandel der Familienstrukturen und Folgen für die Erziehung. Darmstadt 1994.

230. E. PFEIL, Das Großstadtkind. Stuttgart 1955.

231. J. RADKAU, Die wilhelminische Ära als „nervöses Zeitalter", oder: Die Nerven als Netzwerk zwischen Tempo- und Körpergeschichte, in: GG 20 (1994), 211–241.

232. J. SCHLUMBOHM, Straße und Familie. Kollektive und individualisierende Formen der Sozialisation im kleinen und gehobenen Bürgertum Deutschlands um 1800, in: ZfPäd 25 (1979) 697–726.

233. W. SCHOENE, Über die Psychoanalyse in der Ethnologie. Eine theoriegeschichtliche Auseinandersetzung mit einigen Grundlagen der nordamerikanischen „Kultur- und Persönlichkeits"-Forschung. Dortmund 1966.

234. Y. SCHÜTZE, Die gute Mutter. Zur Geschichte des normativen Musters „Mutterliebe". Bielefeld 1986.

235. Y. SCHÜTZE, Geschwisterbeziehungen, in: R. NAVE-HERZ/M. MARKEFKA (Hrsg.), Handbuch der Familien- und Jugendforschung, Bd. 1, 311–324.

236. E. SHORTER, Der Wandel der Mutter-Kind-Beziehung zu Beginn der Moderne, in: GG 1 (1975) 256 ff.

237. TH. ZIEHE, Pubertät und Narzißmus. Sind Jugendliche entpolitisiert? Frankfurt a. M. 1975.

238. J. ZINNECKER, Vom Straßenkind zum verhäuslichten Kind. Kindheitsgeschichte im Prozeß der Zivilisation, in: I. BEHNKEN (Hrsg.), Stadtgesellschaft und Kindheit im Prozeß der Zivilisation. Konfigurationen städtischer Lebensweise zu Beginn des 20. Jahrhunderts. Opladen 1990, 142–162.

239. J. ZINNECKER, Straßensozialisation. Versuch, einen unterschätzten Lernort zu thematisieren, in: ZfPäd 26 (1979) 727–746.

15. Frauen- und Geschlechtergeschichte

240. S. BAJOHR, Uneheliche Mütter im Arbeitermilieu: Die Stadt Braunschweig 1900–1930, in: GG 7 (1981) 474–506.

241. R. BECKER-SCHMIDT/G.-A. KNAPP, Geschlechtertrennung-Geschlechterdifferenz: Suchbewegungen sozialen Lernens. 2. Aufl. Bonn 1989.

242. R. BECKER-SCHMIDT, Von Jungen, die keine Mädchen und von Mädchen, die gerne Jungen sein wollten. Geschlechtsspezifische Umwege auf der Suche nach Identität, in: DIES./G.-A. KNAPP (Hrsg.), Das Geschlechterverhältnis als Gegenstand der Sozialwissenschaften. Frankfurt a. M./New York 1995, 220–246.

243. R. BECKER-SCHMIDT, Die doppelte Vergesellschaftung – die doppelte Unterdrückung: Besonderheiten der Frauenforschung in den Sozialwissenschaften, in: L. UNTERKIRCHNER/I. WAGNER (Hrsg.), Die andere Hälfte der Gesellschaft. Wien 1987, 10–25.

244. E. BECK-GERNSHEIM, Von der Liebe zur Beziehung? Veränderungen im Verhältnis von Mann und Frau in der individualisierten Gesellschaft, in: J. BERGER (Hrsg.), Die Moderne – Kontinuitäten und Zäsuren. Göttingen 1986, 209–233.

245. U. BEER, Geschlecht, Struktur, Geschichte. Soziale Konstituierung des Geschlechterverhältnisses. Frankfurt a. M. 1990.

246. R. BEIER, Frauenarbeit und Frauenalltag im deutschen Kaiserreich. Heimarbeiterinnen in der Berliner Bekleidungsindustrie 1880–1914. Frankfurt a. M./New York 1983.

247. CHR. BENNINGHAUS, Die anderen Jugendlichen. Frankfurt a. M. 1996.

248. R. A. BERGER, Die rechtliche Lage der Dienstboten Badens in sozial-ökonomischer Beleuchtung. Mönchen-Gladbach 1915.

249. E. BLOCHMANN, Das Frauenzimmer und die Gelehrsamkeit. Heidelberg 1966.

250. G. BOCK, Historische Frauenforschung. Fragestellungen und Perspektiven, in: K. HAUSEN (Hrsg.), Frauen suchen ihre Geschichte. Historische Studien zum 19. und 20. Jahrhundert. München 1983, 22–60.

251. G. BOCK, Geschichte, Frauengeschichte, Geschlechtergeschichte, in: GG 14 (1988) 364–391.

252. G. BOCK, Nationalsozialistische Geschlechterpolitik und die Geschichte der Frauen, in: G. DUBY/M. PERROT, Geschichte der Frauen, Bd. 5: 20. Jh. Hrsg. v. F. Thebaud. Frankfurt a. M./New York 1995, 173–204.

253. G. BOCK/B. DUDEN, Arbeit aus Liebe – Liebe aus Arbeit. Zur Entstehung der Hausarbeit im Kapitalismus, in: Gruppe Berliner Dozentinnen (Hrsg.), Frauen und Wissenschaft. Beiträge zur Berliner Sommeruniversität für Frauen. Berlin 1977, 118–199.

254. U. DANIEL, Arbeiterfrauen in der Kriegsgesellschaft. Beruf, Familie und Politik im Ersten Weltkrieg. Göttingen 1989.

255. U. FREVERT, „Fürsorgliche Belagerung": Hygienebewegung und Arbeiterfrauen im 19. und frühen 20. Jahrhundert, in: GG 11 (1985) 420–446.

256. U. FREVERT, Frauen-Geschichte. Zwischen bürgerlicher Verbesserung und neuer Weiblichkeit. Frankfurt a. M. 1986.

257. U. FREVERT, Vom Klavier zur Schreibmaschine – Weiblicher Arbeitsmarkt und Rollenzuweisungen am Beispiel der weiblichen Angestellten in der Weimarer Republik, in: A. KUHN/G. SCHNEIDER (Hrsg.), Frauen in der Geschichte. Bd. 1. Düsseldorf 1979, 82–112.

258. U. FREVERT, Bürgerliche Meisterdenker und das Geschlechterverhältnis. Konzepte, Erfahrungen, Visionen an der Wende vom 18. zum 19. Jahrhundert, in: DIES. (Hrsg.), Bürgerinnen und Bürger. Geschlechterverhältnisse im 19. Jahrhundert. Göttingen 1988, 17–48.

259. B. GEISSLER/M. OECHSLE, Lebensplanung als Konstruktion: Biographische Dilemmata und Lebenslauf – Entwürfe junger Frauen, in: U. BECK/E. BECK-GERNSHEIM (Hrsg.), Riskante Freiheiten. Individualisierung in modernen Gesellschaften. Frankfurt a. M. 1994, 189–167.

260. U. GERHARD, Verhältnisse und Verhinderungen. Frauenarbeit, Familie und Rechte der Frauen im 19. Jahrhundert. Mit Dokumenten. Frankfurt a. M. 1978.

261. I. GÖTZ VON OLENHUSEN, Geschlechterrollen, Jugend und Religion. Deutschland 1900–1933, in: M. KRAUL/CHR. LÜTH (Hrsg.), Erziehung der Menschen-Geschlechter. Studien zur Religion, Sozialisation und Bildung in Europa seit der Aufklärung. Weinheim 1966, 239–257.

262. R. HABERMAS, Geschlechtergeschichte und „Anthropology of gender". Geschichte einer Begegnung, in: Historische Anthropologie 1 (1993) 485–509.

263. K. HAGEMANN, Frauenalltag und Männerpolitik. Alltagsleben und gesellschaftliches Handeln von Arbeiterfrauen in der Weimarer Republik. Bonn 1990.

264. E. HARVEY, Gender, generation and politics: young Protestant women in the final years of the Weimar Republic, in: M. ROSEMAN (Hrsg.), Generations in Conflict. Youth revolt and generation formation in Germany 1770–1968. Cambridge 1995, 184–209.

265. K. HAUSEN, Die Polarisierung der „Geschlechtscharaktere" – Eine Spiegelung der Dissoziation von Erwerbs- und Familienleben (1976), in: H. ROSENBAUM (Hrsg.), Seminar: Familie und Gesellschaftsstruktur. Frankfurt a. M. 1978, 161–191.

266. K. HAUSEN, Die große Wäsche. Technischer Fortschritt und sozialer Wandel in Deutschland vom 18. bis ins 20. Jahrhundert, in: GG 13 (1987) 273–303.

267. U. HOFFMANN, Computerfrauen. Welchen Anteil haben Frauen an der Computergeschichte? München 1987.

268. L. HÖLSCHER, „Weibliche Religiosität"? Der Einfluß von Religion und Kirche auf die Religiosität von Frauen im 19. Jahrhundert, in: M. KRAUL/CHR. LÜTH (Hrsg.), Erziehung der Menschen-Geschlechter. Studien zur Religion, Sozialisation und Bildung in Europa seit der Aufklärung. Weinheim 1996, 45–62.

269. C. HONEGGER, Die Ordnung der Geschlechter. Die Wissenschaft vom Menschen und das Weib. Frankfurt a. M. 1991.

270. P. HUDSON/W. R. LEE (Hrsg.), Women's work in the family economy in historical perspective. Manchester 1990.

271. J. JACOBI, Religiosität und Mädchenbildung im 19. Jahrhundert, in: M. KRAUL/CHR. LÜTH (Hrsg.), Erziehung der Menschen-Geschlechter. Studien zur Religion, Sozialisation und Bildung in Europa seit der Aufklärung. Weinheim 1996, 101–120.

272. J. JACOBI-DITTRICH, „Hausfrau, Gattin und Mutter". Lebensläufe und Bildungsdinge von Frauen im 19. Jahrhundert, in: I. BREHMER (Hrsg.), Frauen in der Geschichte IV. „Wissen heißt leben...". Beiträge zur Bildungsgeschichte von Frauen im 18. und 19. Jahrhundert. Düsseldorf 1983, 262–281.

273. S. KIENITZ, Sexualität, Macht und Moral. Prostitution und Geschlechterbeziehungen Anfang des 19. Jahrhunderts in Württemberg. Ein Beitrag zur Mentalitätsgeschichte. Berlin 1995.

274. E. KLEINAU/C. OPITZ (Hrsg.), Geschichte der Mädchenbildung und Frauenbildung in Deutschland. 2 Bde. Frankfurt a. M. 1996.

275. G.-A. KNAPP, Unterschiede machen: Zur Sozialpsychologie der Hierarchisierung im Geschlechterverhältnis, in: R. BECKER-SCHMIDT/DIES. (Hrsg.), Das Geschlechterverhältnis als Gegenstand der Sozialwissenschaften. Frankfurt a. M./New York 1995, 163–194.

276. U. KNAPP, Frauenarbeit in Deutschland, München 1983.

277. S. KONTOS/K. WALSER, „... weil nur zählt, was Geld einbringt". Probleme der Hausfrauenarbeit. Gelnhausen 1979.

278. C. KOONZ, Mothers in the Fatherland: Women, Family and Nazi-politics. London 1987.

279. G. KÖSSLER, Mädchenkindheiten im 19. Jahrhundert. Gießen 1979.

280. B. KUHN, „... und herrschet weise im häuslichen Kreise". Hausfrauenarbeit zwischen Disziplin und Eigensinn, in: R. VAN DÜLMEN (Hrsg.), Verbrechen, Strafe und soziale Kontrolle, Frankfurt a. M. 1990, 238–277.

281. B. KUNDRUS, Kriegerfrauen. Familienpolitik und Geschlechterverhältnisse im Ersten und Zweiten Weltkrieg. Hamburg 1995.

282. D. LADJ-TEICHMANN, Erziehung zur Weiblichkeit durch Textilarbeiten. Ein Beitrag zur Sozialgeschichte der Frauenbildung im 19. Jahrhundert. Weinheim/Basel 1983.

283. Th. LANGE, Der Steglitzer Schülermordprozeß in: TH. KOEBNER u. a. (Hrsg.), „Mit uns zieht die neue Zeit". Der Mythos Jugend. Frankfurt a. M. 1985, 412–437.

284. M. J. MAYNES, Feministische Ansätze in den Autobiographien von Arbeiterinnen, in: R.-E. B. JOERES/A. KUHN (Hrsg.), Frauen in der Geschichte VI. Frauenbilder und Frauenwirklichkeiten. Interdisziplinäre Studien zur Frauengeschichte in Deutschland im 18. und 19. Jahrhundert. Düsseldorf 1985, 164–182.

285. H. MCLEOD, Weibliche Frömmigkeit – männlicher Unglaube? Religion und Kirche im bürgerlichen 19. Jahrhundert, in: U. FREVERT (Hrsg.), Bürgerinnen und Bürger. Geschlechterverhältnisse im 19. Jahrhundert. 12 Beiträge. Mit einem Vorwort von J. Kocka. Göttingen 1988, 134–156.

286. S. MEYER, Die mühsame Arbeit des demonstrativen Müßiggangs. Über die häuslichen Pflichten der Beamtenfrauen im Kaiserreich, in: K. HAUSEN (Hrsg.), Frauen suchen ihre Geschichte. München 1983, 175–199.

287. M. MIES, Subsistenzproduktion, Hausfrauisierung, Kolonisierung, in: Beiträge zur feministischen Theorie und Praxis 6 (1983) H. 9/10.

288. H. MÜLLER, Dienstbare Geister. Leben und Arbeitswelt städtischer Dienstboten. Berlin 1981.

289. W. MÜLLER/A. WILLMS/J. HANDL, Strukturwandel der Frauenarbeit 1880–1980. Frankfurt a. M./New York 1983.

290. A. OAKELEY, Sex, Gender and Society. New York 1972.

291. I. OSTNER (Hrsg.), Frauen. Soziologie der Geschlechterverhältnisse. Soziologische Revue, Sonderheft 2, 10. Jg. München 1987.

292. U. OTTMÜLLER, Die Dienstbotenfrage. Zur Sozialgeschichte der doppelten Ausnutzung von Dienstmädchen im deutschen Kaiserreich. Münster 1978.

293. G. PFISTER, Der Einfluß der katholischen Kirche auf die Anfänge der Körper- und Bewegungserziehung von Mädchen in Deutsch-

land und Spanien, in: M. KRAUL/CHR. LÜTH (Hrsg.), Erziehung der Menschen-Geschlechter. Studien zur Religion, Sozialisation und Bildung in Europa seit der Aufklärung. Weinheim 1996, 159–184.

294. B. RANG, Zur Geschichte des dualistischen Denkens über Mann und Frau. Kritische Anmerkungen zu den Thesen von Karin Hausen zur Herausbildung der Geschlechtscharaktere im 18. und 19. Jahrhundert, in: J. DALHOFF u. a. (Hrsg.), Frauenmacht in der Geschichte. Beiträge des Historikerinnen-Treffens 1985 zur Frauengeschichtsforschung. Düsseldorf 1986, 194–205.

295. S. ROUETTE, Sozialpolitik als Geschlechterpolitik. Die Regulierung der Frauenarbeit nach dem Ersten Weltkrieg. Frankfurt a. M. 1993.

296. G. SCHILDT, Frauenarbeit im 19. Jahrhundert. Pfaffenweiler 1993.

297. R. SCHULTE, Dienstmädchen im herrschaftlichen Haushalt. Zur Genese ihrer Sozialpsychologie, in: ZBLG 41 (1978) 779–920.

298. R. SCHULTE, Das Dorf im Verhör. Brandstifter, Kindsmörderinnen und Wilderer vor den Schranken des bürgerlichen Gerichts. Oberbayern 1848–1910. Reinbek 1989.

299. R. SCHULTE, Sperrbezirke: Tugendhaftigkeit und Prostitution in der bürgerlichen Welt. Frankfurt a. M. 1979.

300. E. SHORTER, Der weibliche Körper als Schicksal. Zur Sozialgeschichte der Frau. München 1984.

301. STATISTISCHES AMT IN MÜNCHEN (Hrsg.), Die weiblichen Dienstboten in München. München 1912.

302. O. STILLICH, Die Lage der weiblichen Dienstboten in Berlin. Berlin 1902.

303. I. STOEHR, „Organisierte Mütterlichkeit". Zur Politik der deutschen Frauenbewegung um 1900, in: K. HAUSEN (Hrsg.), Frauen suchen ihre Geschichte. Historische Studien zum 19. und 20. Jahrhundert. München 1983, 221–249.

304. I. STOEHR, Neue Frau und Alte Bewegung? Zum Generationenkonflikt in der Frauenbewegung der Weimarer Republik, in: J. DALHOFF (Hrsg.), Frauenmacht in der Geschichte. Beiträge des Historikerinnentreffens 1985 zur Frauengeschichtsforschung. Düsseldorf 1985, 390–402.

305. G. TORNIEPORTH, Studien zur Frauenbildung. Ein Beitrag zur historischen Analyse lebensweltorientierter Bildungkonzeptionen. Weinheim 1979.

306. C. M. PRELINGER, Charity, Callenge and Change. Religious Dimensions of the Mid-19th-Century Women's Movement in Germany. New York 1987.

307. C. Usborne, The Politics of the body in Weimar Germany: Women's reproductive rights and duties. London 1992.

308. C. Usborne, The New Woman and generational conflict: perceptions of young women's sexual mores in the Weimar Republic, in: M. Roseman (Hrsg.), Generations in Conflict. Youth revolt and generation formation in Germany 1770–1968. Cambridge 1995, 137–163.

309. C. v. Werlhof, Frauenarbeit. Der blinde Fleck in der Kritik der politischen Ökonomie, in: Beiträge zur Feministischen Theorie und Praxis 1 (1978).

310. C. v. Werlhof, Der Proletarier ist tot. Es lebe die Hausfrau?, in: Dies. u. a. (Hrsg.), Frauen, die letzte Kolonie. Zur Hausfrauisierung der Arbeit. Reinbek 1983.

311. K. Werner, Arbeit und Erwerbstätigkeit der Frauen auf dem Land im ersten Drittel des 20. Jahrhunderts am Beispiel eines hessischen Dorfes, in: J. Dalhoff/U. Frey/I. Schöll (Hrsg.), Frauenmacht in der Geschichte. Beiträge des Historikerinnentreffens 1985 zur Frauengeschichtsforschung. Düsseldorf 1986, 265–281.

312. D. Wierling, Vom Mädchen zum Dienstmädchen, in: K. Bergmann/R. Schörken (Hrsg.), Geschichte im Alltag – Alltag in der Geschichte. Düsseldorf 1982, 57–87.

313. J. Woycke, Birth Control in Germany 1871–1933. London 1988.

314. J. Zinnecker, Sozialgeschichte der Mädchenbildung. Weinheim 1973.

16. Jugend

315. H. Bilden/A. Diezingern, Historische Konstitution und besondere Gestaltung weiblicher Jugend – Mädchen im Blickpunkt der Jugendforschung, in: H.-H. Krüger (Hrsg.), Handbuch der Jugendforschung. Leverkusen 1988, 135–156.

316. P. Dudek, Jugend als Objekt der Wissenschaften. Geschichte der Jugendforschung in Deutschland und Österreich 1890–1933. Opladen 1990.

317. A. Gestrich, Traditionelle Jugendkultur und Industrialisierung. Sozialgeschichte der Jugend in einer ländlichen Arbeitergemeinde Württembergs, 1800–1920. Göttingen 1986.

318. J. R. Gillis, Geschichte der Jugend. Tradition und Wandel im Verhältnis der Altersgruppen und Generationen in Europa von der zweiten Hälfte des 18. Jahrhunderts bis zur Gegenwart. Weinheim 1980.

319. W. HEITMEYER (Hrsg.), Interdisziplinäre Jugendforschung. Fragestellungen, Problemlagen, Neuorientierungen. Weinheim 1986.

320. U. HERRMANN, Der „Jüngling" und der „Jugendliche". Männliche
Jugend im Spiegel polarisierender Wahrnehmungsmuster an der
Wende vom 19. zum 20. Jahrhundert in Deutschland, in: GG 11
(1985) 205–217.

321. U. HERRMANN, Geschichte und Theorie. Ansätze zu neuen Wegen
in der erziehungsgeschichtlichen Erforschung von Familie, Kindheit und Jugend, in: Zeitschrift für Sozialisationsforschung und
Erziehungssoziologie 4 (1984) 11–28.

322. U. HERRMANN, Neue Wege der Sozialgeschichte, in: Pädagogische Rundschau 38 (1984) 171–187.

323. J. F. KETT, Rites of Passage. Adolescence in America, 1790 to the
Present. New York 1977.

324. M. MITTERAUER, Sozialgeschichte der Jugend. Frankfurt a. M.
1986.

325. H.-H. MUCHOW, Jugend und Zeitgeist. Morphologie der Kultur-
pubertät. Reinbek 1962.

326. T. OLK, Jugend und gesellschaftliche Differenzierung. Zur Ent-
strukturierung der Jugendphase, in: Zeitschrift für Pädagogik,
19. Beiheft (1985) 290–302.

327. D. PEUKERT, Jugend zwischen Krieg und Krise. Lebenswelten von
Arbeiterjugend in der Weimarer Republik. Köln 1987.

328. D. PEUKERT, Grenzen der Sozialdisziplinierung. Aufstieg und
Krise der deutschen Jugendfürsorge 1878–1932. Köln 1986.

329. U. PREUSS-LAUSITZ u. a., Kriegskinder, Konsumkinder, Krisenkin-
der. Zur sozialen Geschichte seit dem Zweiten Weltkrieg. Weinheim 1983.

331. L. ROTH, Die Erfindung des Jugendlichen. München 1983.

332. K. SAUL, Der Kampf um die Jugend zwischen Volksschule und
Kaserne. Ein Beitrag zur „Jugendpflege" im Wilhelminischen
Reich 1890–1914, in: MGM 1 (1971) 97–143.

333. K. TENFELDE, Großstadtjugend in Deutschland vor 1914. Eine
historisch-demographische Annäherung, in: VSWG 69 (1982)
182–218.

334. T. v. TROTHA, Zur Entstehung der Jugend, in: KZfSS 34 (1982)
254–277.

335. D. WIERLING, Mädchen für alles: Arbeitsall tag und Lebensge-
schichte städtischer Dienstmädchen um die Jahrhundertwende.
Berlin 1987.

Register

Sachregister

Autorenregister

Enzyklopädie deutscher Geschichte
Themen und Autoren

Mittelalter

Bauern 1648–1806 (Werner Troßbach) 1992. EdG 19
Adel in der Frühen Neuzeit (Rudolf Endres) 1993. EdG 18
Der Fürstenhof in der Frühen Neuzeit (Rainer A. Müller) 1995. EdG 33
Die Stadt in der Frühen Neuzeit (Heinz Schilling) 1993. EdG 24
Armut, Unterschichten, Randgruppen in der Frühen Neuzeit
(Wolfgang von Hippel) 1995. EdG 34
Unruhen in der ständischen Gesellschaft 1300–1800 (Peter Blickle)
1988. EdG 1
Geschichte des Judentums vom 16. bis zum Ende des 18. Jahrhunderts
(Friedrich Battenberg)

Wirtschaft **Die deutsche Wirtschaft im 16. Jahrhundert (Franz Mathis) 1992. EdG 11**
Die Entwicklung der Wirtschaft im Zeitalter des Merkantilismus 1620–1800
(Rainer Gömmel) 1998. EdG 46
Landwirtschaft in der Frühen Neuzeit (Walter Achilles) 1991. EdG 10
Gewerbe in der Frühen Neuzeit (Wilfried Reininghaus) 1990. EdG 3
Handel, Verkehr, Geld und Banken in der Frühen Neuzeit (Michael North)

Kultur, Alltag, Medien in der Frühen Neuzeit (Stephan Füssel)
Mentalitäten Bildung und Wissenschaft im 15. und 16. Jahrhundert (Notker Hammerstein)
Bildung und Wissenschaft in der Frühen Neuzeit 1650–1800
(Anton Schindling) 1994. EdG 30
Die Aufklärung (Winfried Müller)
Lebenswelt und Kultur des Bürgertums in der Frühen Neuzeit (Bernd Roeck)
1991. EdG 9
Kultur und Mentalitäten der unterbürgerlichen Schichten in der Frühen Neuzeit
(Robert von Friedeburg)
Umweltgeschichte Frühe Neuzeit (N.N.)

Religion und Die Reformation. Voraussetzungen und Durchsetzung (Olaf Mörke)
Kirche **Konfessionalisierung im 16. Jahrhundert (Heinrich Richard Schmidt)**
1992. EdG 12
Kirche, Staat und Gesellschaft im 17. und 18. Jahrhundert (Michael Maurer)
1999. EdG 51
Religiöse Bewegungen in der Frühen Neuzeit (Hans-Jürgen Goertz)
1993. EdG 20

Politik, Staat **Das Reich in der Frühen Neuzeit (Helmut Neuhaus) 1997. EdG 42**
und Verfassung Landesherrschaft, Territorien und Staat in der Frühen Neuzeit (Winfried Schulze)
Die Entwicklung der landständischen Verfassung (Kersten Krüger)
Vom aufgeklärten Reformstaat zum bürokratischen Staatsabsolutismus
(Walter Demel) 1993. EdG 23

Staatensystem, **Das Reich im Kampf um die Hegemonie in Europa 1521–1648 (Alfred Kohler)**
internationale **1990. EdG 6**
Beziehungen **Altes Reich und europäische Staatenwelt 1648–1806 (Heinz Duchhardt)**
1990. EdG 4

19. und 20. Jahrhundert

Gesellschaft Demographie des 19. und 20. Jahrhunderts (Josef Ehmer)
Umweltgeschichte des 19. und 20. Jahrhunderts (Arne Andersen)
Geschichte des deutschen Adels im 19. und 20. Jahrhundert (Heinz Reif)

**Geschichte der Familie im 19. und 20. Jahrhundert (Andreas Gestrich)
1998. EdG 50**
Urbanisierung im 19. und 20. Jahrhundert (Klaus Tenfelde)
Soziale Schichtung, soziale Mobilität und sozialer Protest im 19. und
20. Jahrhundert (N.N.)
**Von der ständischen zur bürgerlichen Gesellschaft (Lothar Gall)
1993. EdG 25**
Die Angestellten im 19. und 20. Jahrhundert (Günter Schulz)
**Die Arbeiterschaft im 19. und 20. Jahrhundert (Gerhard Schildt)
1996. EdG 36**
**Die Juden in Deutschland 1780–1918 (Shulamit Volkov) 1994. EdG 16
Die Juden in Deutschland 1914–1945 (Moshe Zimmermann) 1997. EdG 43**

Die industrielle Revolution in Deutschland (Hans-Werner Hahn)   Wirtschaft
1998. EdG 49
**Die Entwicklung der Wirtschaft im 20. Jahrhundert (Wilfried Feldenkirchen)
1998. EdG 47**
Agrarwirtschaft und ländliche Gesellschaft im 19. Jahrhundert (Stefan Brakensiek)
**Gewerbe und Industrie im 19. und 20. Jahrhundert (Toni Pierenkemper)
1994. EdG 29**
Handel und Verkehr im 19. Jahrhundert (N.N.)
Handel und Verkehr im 20. Jahrhundert (Christopher Kopper)
**Banken und Versicherungen im 19. und 20. Jahrhundert (Eckhard Wandel)
1998. EdG 45**
Staat und Wirtschaft im 19. Jahrhundert (bis 1914) (Rudolf Boch)
Staat und Wirtschaft im 20. Jahrhundert (Gerold Ambrosius) 1990. EdG 7

Kultur, Bildung und Wissenschaft im 19. Jahrhundert (Rüdiger vom Bruch)   Kultur, Alltag und
Kultur, Bildung und Wissenschaft im 20. Jahrhundert (Frank-Lothar Kroll)   Mentalitäten
Lebenswelt und Kultur des Bürgertums im 19. und 20. Jahrhundert
(Andreas Schulz)
**Lebenswelt und Kultur der unterbürgerlichen Schichten im 19. und
20. Jahrhundert (Wolfgang Kaschuba) 1990. EdG 5**

Formen der Frömmigkeit in einer säkularisierten Gesellschaft   Religion und
(Werner K. Blessing)   Kirche
**Kirche, Politik und Gesellschaft im 19. Jahrhundert (Gerhard Besier)
1998. EdG 48**
Kirche, Politik und Gesellschaft im 20. Jahrhundert (Gerhard Besier)

Der Deutsche Bund und das politische System der Restauration 1815–1866   Politik, Staat,
(Wolfram Siemann)   Verfassung
**Verfassungsstaat und Nationsbildung 1815–1871 (Elisabeth Fehrenbach)
1992. EdG 22**
Die innere Entwicklung des Kaiserreichs (Hans-Peter Ullmann)
Die innere Entwicklung der Weimarer Republik (Andreas Wirsching)
**Nationalsozialistische Herrschaft (Ulrich von Hehl) 1996. EdG 39
Die Bundesrepublik Deutschland. Verfassung, Parlament und Parteien
(Adolf M. Birke) 1996. EdG 41**
Die Innenpolitik der Deutschen Demokratischen Republik
(Günther Heydemann)

Die deutsche Frage und das europäische Staatensystem 1815–1871   Staatensystem,
(Anselm Doering-Manteuffel) 1993. EdG 15   internationale
    Beziehungen

Deutsche Außenpolitik 1871–1918 (Klaus Hildebrand) 2. Aufl. 1994. EdG 2
Die Außenpolitik der Weimarer Republik (Gottfried Niedhart)
Die Außenpolitik des Dritten Reiches (Marie-Luise Recker) 1990. EdG 8
Die Außenpolitik der Bundesrepublik Deutschland (Hermann Graml)
Die Außenpolitik der Deutschen Demokratischen Republik (Hermann Wentker)

Hervorgehobene Titel sind bereits erschienen.

Stand: (Juni 1998)